谨以此书献给我的母亲

简约的力量

梅洪建班主任工作新路径

梅洪建 著

山东城市出版传媒集团·济南出版社

图书在版编目（CIP）数据

简约的力量：梅洪建班主任工作新路径／梅洪建著
. -- 济南：济南出版社, 2022.3 （2023.4重印）
ISBN 978-7-5488-4837-0

Ⅰ.①简…　Ⅱ.①梅…　Ⅲ.①班主任工作－文集
Ⅳ.①G451.6-53

中国版本图书馆CIP数据核字(2021)第204931号

简约的力量：梅洪建班主任工作新路径
JIANYUE DE LILIANG:MEIHONGJIAN BANZHUREN GONGZUO XIN LUJING

责任编辑	秦　天　惠汝意
装帧设计	胡大伟
出版发行	济南出版社
地　　址	济南市市中区二环南路1号（250002）
编辑电话	（0531）86131746
发行电话	（0531）67817923
印　　刷	济南龙玺印刷有限公司
版　　次	2022年3月第1版
印　　次	2023年4月第2次印刷
成品尺寸	145 mm×210 mm　　32开
印　　张	9.5
字　　数	160千
定　　价	58.00元

自序：在未被道破之前

爱默生在《我的信仰》中说：

> 我们长期以来的想法和感受，有一天将会被某个陌生人一语道破。

真是如此！写完《做一个不再瞎忙的班主任》之后，我曾以为自己构建了完整的带班体系——一个核心，四个支架——再也突破不了自己，甚至以为自己的表述就是正确的。6 年过后，虽未否定当年的一些提法和做法，但明显感觉超出了那时的自己，因为在某天，我被"某个陌生人"一语道破过。所以，这本书是被道破之后的产物，也就成了《做一个不再瞎忙的班主任》的新篇章。

我实在记不得在哪本书里看到了这段话——

> 现代教师的工作现实是在丧失了"公共性使命"的状况下忙于应付各种繁杂的工作。这种情况一方面导致教师专业性空洞化现象。其中，最为典型的是教师工作的繁忙化和教师的"燃尽现象"。具有讽刺意味的是丧失了"公共性使命"的教师们越是忙于作为公仆的繁杂的工作，就越陷入丧失保障其工作意义和

价值的专业性危机。

之所以能一字不差地背下这段话，是因为它实在说到了我的心坎上。在此向该书的作者表示真挚的感谢！是的，在丧失了"公共性使命"状况下，教师（当然包括班主任）的实际工作中就出现两种典型现象：专业性空洞和燃尽现象。两者本质上又是一个问题：正是因为专业性空洞，才导致不断忙碌以致燃尽自己；也正是因为认为燃尽自己就是高尚，就是敬业，才导致了专业性空洞。

所以，我们就有必要去追问：班主任工作的"公共性使命"是什么？它应该是班主任工作的起点和基础。

在这本书里，我借助几位教育名家的话，对这个问题做了回答。这里为说明问题，我谨引用美国心理学家简·尼尔森在《正面管教》中的表述：

> 所有人的首要愿望都是感觉到归属感和自我价值感。每个人都在寻求得到归属和自我价值的方式。如果你的孩子认为自己没有人爱或没有归属，他们通常就会尝试一些方法来赢回别人的爱，或者为了扳平而伤害别人。有时候，孩子们会感觉自己喜欢放弃，因为他们认为自己不可能把事情做好并得到归属。当孩子觉得自己没人爱或不重要的时候，他们往往会以错误的方式寻求归属和自我价值感。我们称之为"四个错误行为的心"，包括：寻求过度关注，寻求权力，

报复，认为自己能力不够（放弃）。

学生之所以出问题，就在于归属感和自我价值感的缺失。在教育学家格拉斯和罗伯特·斯莱文以及中国的马兰教授的表述中，都有类似的提法。也就是说，教育的"公共性使命"就是满足学生的"归属感和自我价值感"。

从根本上说，归属感解决的是人生观、价值观问题，是成人问题；自我价值感解决的是自尊心、自信心问题，是动力问题。成人解决的是根正苗红问题，动力解决的是枝繁叶茂问题。如果这两个问题得到很好的解决，教育就应该是完美的教育。因为它们解决了教育过程中存在的几乎所有问题，又确保了教育教学质量的大幅度提升。

如何满足这"两感"？

这是班主任应该着力研究的问题。

"他们（学生）在什么环境下活动，就在什么环境下思考和感受，我们从来都不会直接施教，而是通过环境间接施教。"（约翰·杜威《民主主义与教育》）归属感和自我价值感的满足，不是点对点可以直接教的东西，而是在环境中熏染出来的。

如何构建这样的环境，是笔者下足了笔墨的地方。笔者更是结合 5 年的工作实践为朋友们提供了切实可行的方法，并且力求让这些方法变得简约而有力量。这就是把本

书命名为《简约的力量》的因由所在。这个书名不是一个噱头，而是有着实实在在的操作路径的。

实践中，只要把满足学生归属感和自我价值感的教育生态做好了，班级也就带好了90%，简·尼尔森所提到的四种学生问题也就解决了，而这四种学生问题恰恰是班主任最棘手的问题。接下来的10%，应该是锦上添花的工作了。归属感和自我价值感有效落实了，其实就是织好了锦。在本书写作中，"织锦"之后我并没有急于"添花"，而是转向了课堂。因为我深深地明白，对于学生来说，学习甚至可以直接说是分数很重要。如果班主任工作在树人之后（注意，这里用的是班主任工作，而非德育工作），不把落脚点指向课堂，那么这样的班主任工作是不完整的。

所以，在谈满足学生的归属感和自我价值感之后，我花了不少笔墨谈在教室生态变革背景下的课堂变革如何来做，例如如何分组、如何结构小组、合作如何发生、课堂如何展开等。实践证明，建立在班级生态变革背景下的合作学习，才是真正高效的学习。

接下来笔者做了"添花"的工作。但基础教育阶段，对于特定的学段甚至特定的年级来说，添哪些"花"是需要慎重考虑的问题。所以，在这部分里，笔者向朋友们汇报了添哪些"花"、如何添"花"、如何使"花"成为一个整体系统等问题。

然后我着重谈了评价问题。

我喜欢约翰·杜威在《民主主义与教育》中的表达——

> 评价的主要意思是可贵，值得珍视和尊重；评价的第二个意思就是进行鉴定和衡量。换句话说，评价就是珍爱某种东西的行动，把它当作宝贝，还包含对其价值的性质和数量做出判断的行为，并与其他东西进行比较。从后一种意义上讲，评价就是衡量和评估……

约翰·杜威在表达中澄清了评价的手段和目的之间的关系。评价过程中的鉴定或者衡量，绝对不是丈量的尺度，其目的是珍爱，把评价对象当作宝贝。那么怎样才算是把评价对象当作宝贝了呢？如何才能当作宝贝呢？笔者结合具体实践案例做了比较详细的回答，也按照自己的思维，为朋友们呈现了"让班级持续不断拥有发展动力"的些许策略。

总之，我认为整个班主任工作应该是教室生态变革、课堂形式变革与教育评价变革三位一体。缺少了其中的任何一环，都不算完整的班主任工作。

本书，是6年实践的总结与思考。

在未被道破之前，我先这么表达着。

之后，我愿意被您道破，因为那将是我新的成长起点。

简约的
力量

目录

第一章　带班就是要解决明天的问题

1

　　很多班主任很累的原因，不是不尽心，而是被班级带着走。真正的带班，是带着班级走，是在此刻播下种子，在明天轻松收获。从被班带着走，到带着班走，才是班主任带班自觉的开始。

第二章　两把"钥匙"就可以解决德育的全部难题

17

　　《麦肯锡思维》一书中讲："要识别关键驱动点。关键驱动点，也就是在事情中起到关键的、决定性作用的因素。找到了关键驱动点，也就找到了问题的核心。"班主任工作的核心驱动点是什么？找到了，就找到了带班的核心。其实，只需两把"钥匙"就可以解决德育的全部难题。

第三章　第一把"钥匙"：让每个学生都有一颗温润的心

39

　　学生首先要成为人，然后才是其他，这是很多教育者的呼吁。呼吁的人很多，但能给出路的却很少。如果每个学生都有一颗温润的心，那么学生的心理缺失、校园霸凌等，都会化为乌有。

第四章 第二把"钥匙"：让每个学生都有向上的动力

121

如果学生有一颗温润的心是确保"根正苗红"，那么有一颗向上的心就是确保枝繁叶茂。如何让学生有一颗积极向上的心呢？这里有一套完整的操作方案。

第五章 简约带班的另一种选择

161

只有认识到德育生态构建是教学的前提，教学工作才能取得理想效果。如果以冰山比喻德育与教学，德育便是没入水中的那八分之七，而教学仅是上面的八分之一。

第六章　合作学习让分数与德育两翼齐飞

193

"合作学习如果不是当代最大的教育改革的话，那么它至少也是最大的之一。"美国教育评论家埃利斯和福茨在其著作《教育改革研究》中如是说。可是，合作学习研究了那么多年却鲜见成功。这是为什么？本章将揭秘原因、提供方法，让您的学生学会通过合作学习成为更好的自己。

第七章　为班级发展提供不竭的动力

219

高速列车之所以比普通列车跑得快，是因为改变了靠车头带的传统，多节车厢都具有驱动力。教育评价就是驱动班级发展的一个个动力车厢。本章还原评价的促动作用，为班级发展找到了源源不断的动力。

第八章　从优秀班级走向班级的理想样态

241

班级如果各种模块都固定了下来，是一个班级的成熟，往往也是一个班级的风险。学生的审美疲劳会使他们觉得班级生

活少了新鲜的味道。所以，保持班级新鲜感，是使带班由稳走
向理想的重要选择。

第九章 班主任追求卓越自我"四个必须"

255

一个优秀的班主任从来都不是复制别人而成就的，成为他
自己才能带出属于自己的优秀班级。那么，班主任如何才能成
为更优秀的自己呢？"四个必须"或许对您有所帮助。

很多班主任很累的原因，不是不尽心，而是被班级带着走。真正的带班，是带着班级走，是在此刻播下种子，在明天轻松收获。从被班带着走，到带着班走，才是班主任带班自觉的开始。

第一章 带班就是要解决明天的问题

人间四月天，重庆。

吾乡禅悦宾馆，檀香袅袅，禅乐盈耳。窗外雨打芭蕉，节奏有致。

只有禅乐的安静，总会让人昏昏欲睡；有了雨打芭蕉的加入，那真的可以禅悦，如在吾乡。

梓、涵和晟的来访，让这个下午温馨无比。

这个下午，三位朋友的到访当然是妙不可言，但我还得言说，因为不言说就辜负了这份美好。

第一节 建班才能阻止问题的发生

建班？有个班级在带，不就是在建班吗？

当然不是！那天的谈话就是从这个话题慢慢深入下去的。我们盘坐在蒲团之上。面前是一套青釉茶具，配上我带来的江南碧螺春，和谐而安静。

但，涵的第一个问题，却显得不和谐："梅老师，你有没有在网上搜索过'不想做教师'这个关键词？"

如此雅境，竟出现了这样一个问题！但我还是老老实实地回答："没有。"虽然我搜索过很多关键词，但这个我还真没搜过。

"我搜索过，结果惊人。教师不好当啊，班主任就更难当了。"涵的语气里是无限感慨。

"涵，你知道我为什么不读我原来的商务英语而选择了中文吗？不是我不想读，而是我读不下去。搜索的数据证明的不一定是班主任不想当班主任，还可能是当不了班主任，或者不能胜任班主任。当然，我说的是'不一定'。"

接着，梓有了自己的问询："俗话说，一颗猫屎可以毁掉一锅粥。我们班那3个让人头疼的学生耗尽了我大部分精力。梅老师，您说我该怎么办？"

"你班上总共有多少学生？"

"50个。"

"你为什么不把大部分精力花在另外47个学生身上，却在3个学生身上花费这么大精力？"我的问题，让梓愣住了，但只是短暂的一瞬。"因为一颗猫屎是可以毁掉一锅粥的啊，何况是三颗！"自然，梓没有任何看不起自己学生的意思，只是做了一个或许不恰当的比喻而已。

"你想想，为什么一颗猫屎可以毁掉一锅粥？或者说，一颗猫屎毁掉一锅粥的前提是什么？"我的追问，在他看来有些冷。

亲爱的朋友们，此刻，请停下阅读，想想一颗猫屎毁掉一锅粥的前提是什么。

我知道梓没有想过这个问题，就只好主动谈了自己的理解："一颗猫屎可以毁掉一锅粥的前提是这锅粥是稀粥，而且越稀就越容易被毁掉。如果这锅粥可以变得浓稠些，猫屎毁掉的仅仅是局部；如果粥可以坚硬到如馒头一般，

即使上面有一颗猫屎，把猫屎下面的那块去掉，依然可以吃，因为它并没有影响到粥的内部。如果你逐渐把粥变稠了，你还怕猫屎吗？回到你的班级，如果你凝聚了那47个学生，剩下的3个学生还有折腾的空间吗？

"一定没有！这里我的话显得绝对，后续我会说明原因。可是，你想过如何凝聚那47个学生吗？或者说，在凝聚那47个学生方面你做了什么？从你谈到的精力分配来看，你一定认为，那47个学生不违纪、不惹事，不需要花费精力啊！"

是真的不需要吗？我知道我无法一下子说服梓。

但我永远都忘不了那个冬天的夜晚，在姑苏城李公堤的咨询会所里，一个衣着得体、举止大方的女孩在妈妈的带领下走进了我的教育服务咨询室。如果没有事先她父母的告知，我怎么也不会想到这个学生有严重的心理疾病。一个表现出病症的学生其实并不太可怕，可怕的是很多学生你根本看不出他们的病症。如果学生能够表现出来"问题"其实还好，我们可以"对症下药"。如果学生平时表现得很好，你都不知道"症"在哪里，"病"就发了，这才是最可怕的。

我继续对梓说："正如你以为那47个学生没有问题而后把大部分精力花在另外3个学生身上一样，你不知道如何带班。我们再回到粥的问题上来，如果你把粥变得浓稠，猫屎就毁不了一锅粥。如果把 47 个学生凝聚在一起，形成了良好的班级文化氛围，那 3 个学生是可以在好的环境里转变成好学生的。猫屎也可以成为猫屎咖啡，有另外一种醇香。环境才是育人的最为关键的因素，关键是你知道怎样去打造良好的班级氛围吗？你知道怎样的班级氛围才叫好的氛围吗？

"不是对待好学生不需要花费精力，而是不知道应该对他们做什么。这才是问题的关键。"

提到猫屎咖啡，三个朋友不约而同地笑了。不约而同的还有他们的动作，他们举起茶杯："梅哥，干杯！"有时候"干杯"就是一种心照不宣的认同。

我是有些好为人师的，何况他们三个的到来本来就有些"请教"的意味。对于朋友，我不敢说是倾囊相授，但最起码要把自己的观点毫无保留地分享吧。于是，我接着说了下面的话：

"马克思主义哲学告诉我们，要抓主要矛盾。可在实际操作中，很多人却把大部分精力放在了次要矛盾上。"

"道理谁都懂，关键是带班的主要矛盾是什么呢，如何来抓！"言语不多的晟，总是能戳中问题的关键。

智慧如您的读者朋友，一定发现了什么是主要矛盾，

那就是把主要精力放在班级的生态构建上，用好的班级生态环境来改变人。这样才叫主动建班。主动建设班级才能阻止问题的产生。构建良好的班级生态环境，从哪里入手呢？当然，这又是一个显得很笼统的话题。

这也是我三个朋友共同的问题。我没有回答，而是开启了自动注水机器，看那一股清流直入茶壶……

心态可以平静，梦想却需要一些激情。

第二节 带班就是要解决明天的问题

如果生活是有剧本的，那就简单多了，我们只要按照剧本生活就可以了，是非喜乐都与自己无关，关涉的只是剧本。可它不是，所以生活总会云谲波诡，也会有柳暗花明和意外的美好。

正如正在进行中的谈话，我本来想谈谈构建良好班级生态从哪里入手这个问题，又被梓引到了另一个问题上。为了尊重当时的事实，读者朋友，请您原谅我继续按照事实来叙述。

梓说："你说有的学生有心理问题，我当然知道，但是大家都知道，每一个心理有问题的学生背后一般都会有一个有问题的家庭啊！"这差不多是共识，尤其是讲家庭教育的人更会如此说。但我想说，这不一定是事实。

"请问，梓，一个学生待在学校的时间长还是在家里的时间长？"——这个问题我问过很多人，也得到过相同

7

的答案——"你一定会说在家里的时间长。那么请问,你家孩子睡觉的时候还在接受你的教育吗?去掉睡觉的时间呢?即使学生在家没有睡觉的时间,他们是在做亲子沟通还是在做学校里的作业呢?你算算,真正留给家庭属于亲子沟通的时间还有多少?"我一连串的问题让样有些反应不过来,因为"家里的时间多"几乎成了"共识",而很少有人去考虑这个"共识"究竟有多少科学的成分。

"那我们又凭什么说每个有问题的学生背后都有一个有问题的家庭呢?我们不能简单地把问题推给家长,而要想想我们该做什么,起码应该想想我们究竟做了些什么,是否有一种途径遵循了就不会产生这么多的问题,或者是做了某些事情,使即便是从家庭里带着各种问题来的学生,也会因为我们的努力而得到改善。我们做的是教育啊,总不能把问题推给家长,自己只做知识教学吧?"

有时候我就想,是不是因为学校的教育效果甚微才出现了"每个有问题的孩子背后都有一个有问题的家庭"的说法,或者说因为学校影响小所以家庭相对影响就大了呢。

我知道,行文到这里,一定有不少朋友要跟我交流——

"我们也做学生的思想工作啊,我们也对学生进行养成教育啊,我们也在培养学生的公民意识啊,我们也考心理咨询师对学生进行心理指导啊……"

这些我都知道。

我们应该做的是从根源上播种某些东西，以便从此不让问题发生。带班，最关键的就是要解决明天的问题啊！

"难道今天的麻烦我们就不解决吗？"梓眨巴了一下他那细细的单眼皮眼睛。

"当然要解决，只是相对而言明天的问题更重要，正如解决学生的心理问题非常重要，但是通过一些作为让明天的学生不出现心理问题更重要。"

我知道，我这样说不一定能让他信服，只好用生活中最常出现的问题为例来说。以学生迟到为例，一旦学生迟到了，作为班主任，通常的做法无非有以下几种：

一是以身作则。班主任每天早早地在教室门口迎接每一个学生，用自己的行动告诉学生不要迟到。（似乎每个班主任都是早早到教室的吧，最起码不会迟到，可是班上却总是有学生迟到。此招不灵。）

二是规矩处罚。班级立规，让迟到的学生接受惩罚，依规治理。（记得那年我教高二某班语文，该班有个学生每天都迟到。于是，我好奇地问："你怎么每天都迟到啊？""因为我迟到一次，班主任扣我个人量化分5分，扣40分警告，扣60分开除，我都扣了超过40分了，我就故意迟到，我就不相信因为一个迟到他敢开除我！"当学生不在乎处罚的时候，你又该如何做？此招不灵。）

三是小组担责。因为个体学生都是班级某个小组的成

员，采取个人迟到扣小组量化分的办法，试图通过小组其他成员的力量给迟到的学生施压。（这样做除了会激化小组成员之间的矛盾、走向合作学习的反面，你觉得还真的能消除迟到吗？此招不灵。）

四是家校合作。把家长叫来，告诉家长"家里的情况你负责，学校的问题我负责"，家校携手，消除迟到。（家校合作是共同找方法解决问题的，不是家庭和学校联手对付学生的。此招有风险。不怕学生犯错误，就怕情绪没出路。堵死了问题的所有出路，不见得就是问题的解决，也有可能是新风险的产生。这就是"无路可走走绝路"。）

五是思想工作。把迟到的学生叫到办公室或其他地方，告诉他："迟到看起来是小事，殊不知祸患常积于忽微。小小的迟到会影响你的分数，没有好的分数对你的将来会产生很大的影响。"（即便你巧舌如簧，但你会发现，学生短时间内可能会改变，但过不了多久依然会迟到。别幻想着一次或者几次谈话就可以彻底改变学生，这不符合人的心理规律。此招效果鲜有。）

五招用过，你会发现迟到依然。

岂止是迟到问题，日常教育工作中的很多问题都难以解决。如果我们能够探究学生迟到的根源，或许能够解决迟到问题。更简单地说，如果某个学生有进取心、有成功感，这个学生还会迟到吗？记得苏联教育家苏霍姆林斯基说过：

"成功的快乐是一种巨大的情绪力量，它可以促进儿童好好学习的愿望。请你注意无论如何不要使这种内在的力量消失。"如果我们在保持学生"这种内在的力量"上下足功夫，还需要花那么大的精力去研究如何解决迟到问题吗？

"哈哈，梅老师，您激动了。"晟总是能在关键的时候提醒我，"您说的的确有道理，但是'根源'没那么容易找得出啊！"

"不容易找出来是一回事，意识不到去找是更大的悲哀。"

"我，我明白了……"涵的头脑总是比别人灵活许多，她总是能发现别人不能发现的问题。

她明白了什么呢？

第三节 切莫耕别人的地荒自己的田

"切莫耕别人的地荒自己的田。"涵的一句话，使在场的人愣住了。

茶杯中的水气不再袅袅，我们都用期待的眼神看着这个年轻的姑娘，试图从她的话语中发现让人灵台透亮的见解。

"我明白了为什么我带不好班了。"

这话有些振聋发聩的味道了，我们的身姿也更加恭敬了，洗耳恭听就是这样的姿态吧。

"我们忽视了几个基本的概念，而这些概念的界定恰恰是必需的。"涵的表情严肃，她那年轻鲜嫩的面孔掩盖不住她的那份认真劲。

她说："我们忽略了自己从事的教育所处的阶段是基础教育，从而混淆了基础教育与职业教育、基础教育与高等教育、基础教育与社会教育等之间的关系。这种混淆就会导致把基础教育当作'教育'，把教育该承担的东西当作基础教育应该承担的东西。基础教育就是中小学十二年教育，它们不应该承担过多的教育内容，而仅仅是打下基础即可。这就如盖一座房子，基础教育的任务就是打地基。如果混淆了基础教育与职业教育的关系，就会出现把本来职业教育的任务嫁接到基础教育领域的情况。例如各式各样的特色教育，不少学校都开设了这样的课程，认为每个学生都应该有一技之长，让学生有自己的特长就是该做的事情。殊不知，不打地基就装修的房屋，无论你把它装修得多么华丽，它都经不起风吹雨打，更遑论地震的发生。我们混淆的第二个概念就是基础教育与高等教育之间的关系。高等教育主要的职责是培养人的职业能力与专业能力，它对接的是社会，学生所学知识对接的是应用。我见过有些中小学校就开设了财商培养的课程，还搞得轰轰烈烈，甚至还将这些课程作为学校的特色。如果基础教育都把财商培养好了，那要财经大学干吗呢？"

"你个丫头，怎么也像梅老师一样激动了呢？"晟和涵来自同一所学校，称呼上就有些亲切了，"涵说到一个点子上，那就是有些学校搞这课程那特色，其实就是为了'出名'，不搞这些他们不知道该做什么。"

涵这话不知道要得罪多少人，读到这里的您，也一定觉得有些许的不舒服吧？但是，我相信，您是愿意接着读下去的。

　　"绝对了，绝对了……"梓打起了圆场，"特色需要，班本也需要，但是呢，得在打好基础的前提下。我总结得对不？我们总不能耕了别人的地而荒了自家的田吧。"

　　"我们忽视的第三个概念就是基础教育与社会教育。"涵继续她的讲述，"'社会教育'这个词我也不知道是否准确，算我造的吧，你们懂就行。教育涵盖的东西很多，我把走出校门之后的教育都归为社会教育。这个教育可能就是通常提到的'教育要培养怎样的人'的教育吧。我们不能让基础教育承担教育所应该承担的所有的东西，它必须守候基础。"

　　说实话，涵的话对我启发非常大。我们常常听到的就是"教育如何做""教育应该如何"……而很少界定"基础教育应该如何做""基础教育应该做什么"……毕竟我们做的是基础教育。

　　"毕竟我们做的是基础教育"，这个问题您思考过吗？至少之前我没有。没有好好界定这个概念，就出现了太多的名词和特色，甚至在名词和特色上付出了太多的精力。

　　不论涵的话你是否赞同，至少可以引起我们深深的思考。我也看到过不少小学就开始针对学生未来的职业规划做教育了，想想，有些莫名其妙。

　　说到激动处，淑女也有些不矜持了。看到涵额角渗出汗水，我把早已凉了的茶递到了她的手里。

涵一番激情言论结束，此刻的房间里突然安静了下来，只余室内禅乐悠扬。古筝和笛子的协奏，加上那种叫作埙的乐器的独特音色，乐曲清淡之中带有悠远，安静之中蕴含清新，让人的思绪随之荡漾、漂移，直到无尽的远方……清晰的笛音又似滑过水面的波纹，荡涤着人的每一寸灵魂。

安静的是音乐，不平静的却是在场的每一个人的心。

教育，需要思考和界定的东西太多。例如，真的就不需要班本课程吗？或许不尽然，因为毕竟班本课程可以让每个学生都更好地成为自己。有如此作用，我们为何不做？

这个问题，我是在另一个场合和另一个朋友的交流中得到答案的。后面，我会谈到那场交流，也会把那场交流中涉及的其他问题向您汇报。

此刻特别想说，有几个志同道合的可以说话的朋友，真好！同时，特别感谢此刻愿意读这些文字的您。

《麦肯锡思维》一书中讲："要识别关键驱动点。关键驱动点，也就是在事情中起到关键的、决定性作用的因素。找到了关键驱动点，也就找到了问题的核心。"班主任工作的核心驱动点是什么？找到了，就找到了带班的核心。其实，只需两把"钥匙"就可以解决德育的全部难题。

第二章 两把"钥匙"就可以解决德育的全部难题

再软的蒲团，盘膝坐久了，双腿也会酸痛。

累了，站起来活动活动筋骨，只是在活动筋骨的时候，四个痴人是一副模样：踱步的同时，脑袋低垂。

沉默……

终于，沉默还是被晟打破了："其实，我知道，咱们聊了那么久，关键点就在于'基础教育的基础到底是什么'，这个问题解决了，或许带班就简单多了。"

第一节 带班从追寻基础教育的
基础开始

是的，倘若明白基础教育的基础是什么，就可以找到工作的着力点。

"您是专家，梅老师您说基础教育的基础是什么？"心直口快是年轻人的特点，涵自然也不例外。

这个时代，"专家"是个可怕的词语。

那天，很热，2017年8月17日，我这一生都不可能忘记的日子。

河南南阳，书院中学。

我和杨校长坐在他的办公室里，屋里弥漫着我刚刚做完一场精彩讲座的气息。这样的气息已不止一次地弥漫了，16日的上午在洛阳伊滨区，我获得了最热烈的掌声；下午在洛阳高新区实验小学，我被众多的"粉丝"追捧……

杨校长说："昨天，我给全体教师做了个培训，我讲到这样一个案例——某老师正在上课，突然一个学生扰乱课堂。我问老师们这个问题该怎样处理。"

没等我回答，杨校长接着说："老师们的做法无非两种：一种是批评学生，让他站在教室后面或者把他赶出教室；一种是为了课堂忍耐，下课再处理。"

没等杨校长说完，我脱口而出："我赞同第二种，因为作为教师，课堂是第一位的，让自己和学生冷静下来，课后处理会更好。"

或许杨校长意识到了什么，没有接我的茬，而是继续说下去："如果批评学生或者罚站，或把学生赶出教室，都可能引发师生冲突。如果是选择忍耐，别的同学会认为老师软弱好欺负，甚至无能，这样老师威信就会降低。我让老师们思考一种两全其美的办法。后来我说，如果是我，我会走到那个同学旁边，告诉他说：'你影响了大家听课，我现在也没有心情讲课。你有两个选择，第一是向全班同学道歉，让我继续上课；第二是自己走到教室后面站着，以表示自己认错了。'这么说的话，就把该生和全班同学联系起来了，处理起来就会容易很多。第一种大多数学生不会选，但第二种他应该会选，因为他面对的是全班同学，而不是这个老师。何况，真正一对一面对老师，学生们还是有些敬畏的。"

我没有鼓掌，但我的脸一定通红。

杨校长后来缓缓地补充了一句："我做了27年的德育主任。"

其貌不扬，我的培训对象，一个曾做过27年的德育主任，一个可以做到"两全其美"的智者……

从此，对于"专家"这个词，我有了自己的心结。世界之大，谁是专家呢？每个人都活在自己的圈子里而已。所谓的谦虚，无关一个人的修养，而是见过世面之后，发现了自己的渺小之后的自我收敛。

不自以为高明，但对于朋友之间的交流，还是坦诚为要。对于涵的问题，我知道直接回答是什么或者不是什么，都无法说服她，就只好反问："你认为'基础'具有什么特征？"

"当然是根本性了。"涵脱口而出。

"根本性具有什么特性呢？"她既然脱口而出，我就穷问不舍。

"不可缺失性。"

我伸出了右手，她也伸出了右手，握了一下，这就是默契。

当下基础教育所做的事情，如果它或者它们可以替代，我们就可以说，它或者它们就不是基础。不是基础就可做可不做，例如某些技艺特长、某些特色课程等。

"您说什么是基础呢？"

我没有直接回答，而是分享了两段文字——

其一如下：

2018 年 1 月 14 日晚 8 点，某市一名中年男子从某小区某栋某单元 9 楼坠楼身亡！他选择死亡，是因为想念他的儿子！

他 15 岁的儿子，在 1 月 7 日，也是在该小区，也是用跳楼的方式，结束了年轻的生命……

儿子在留下的遗书里说："我曾给这个世界带来不少欢乐，但我却无法为自己带来欢乐……希望我逝去之后，不要有人为我哭泣，我希望你们能继续欢乐地走下去……"

（资料来源于网络）

"你读出了什么？"我问涵。

"这个学生的懂事和孤单。他感受不到这个世界带给他的温暖，或者说，这个世界给了他太多的负累。"

是的，他不能感受到来自这个世界的温暖。

没有接着涵的话说下去，我分享了第二段文字给她——

一位曾在二战期间德国纳粹集中营遭受过非人折磨的幸存者，战后辗转去到美国，做了一所中学的校长。

每当新教师来到学校，他都会交给新教师一封信。信中这样写道：

"亲爱的老师，我是一名纳粹集中营的幸存者，我亲眼看到了人类不应当见到的情景：毒气室由学有专长的工程师建造；儿童被学识渊博的医生毒死；幼儿被训练有素的护士杀害；妇女和婴儿被受过高中或大学教育的士兵枪杀。看到这一切，我疑惑了：教育究竟是为了什么？我的请求是，请你帮助学生成长为具有人性的人。你们的努力决不应当被用于创造学识渊博的怪物、多才多艺的变态狂、受过高等教育的屠夫。只有在使我们的学生具有人性的情况下，读写算的能力才有其价值。"

（选自《切尔诺贝利的回忆》）

"你读出了什么？"我问涵。

"基础教育，首先要让学生成为人。"涵的话很坚决。

是的，如果人不成为人，他有多"成功"，就有多么可怕。

"结合上一段文字来看，你认为学生具有怎样的品格才算是成为人了呢？"我知道，"让学生成为人"是众所周知的观点，但是关于"怎样的人才算是成为人"大家却思考的不多。所以，我让涵结合两段文字来思考这个问题。

涵是个年轻的姑娘，她很有灵气。

"让每个学生都有一颗温润的心。"这是她的答案。

是的，当一个学生灵魂温润了，他就会变得善良而美好。有一颗温润的心做基础，无论如何他都不会成为坏人。如果基础教育中的每个学生都有一颗温润的心，那么每个学生就都能够给别人送去温度，每个学生也都能感受到来自他人的温度。彼此的温度给予与感受，这该就是最美的人间了吧。或许，有一颗温润的心就是人性的善良。

如果一个学生能够感受到来自父母、朋友、老师、同学甚或陌生人的温度，他怎么可能会有这样那样的心理疾病？他怎么可能会不热爱生活？他怎么可能会不尊敬自己的师长？他怎么可能去欺凌同学？……

上述的"怎么可能"都发生过，可是我们并没有从构建学生温润的心入手，而是试图通过这样或那样的手段解决问题。

结果呢，方法越来越多，问题也没有得到根本解决。

诚然，这又回到不从根源上解决问题的问题上来了。

让人成为人是首要的基础。

喜欢一句话："你当善良，且有力量。"善良而无力量是另一种无能。我们不能把学生培养成善良而无力量的人，关键是这份力量是什么。

我十分赞同美国的格拉斯教授的归属说和影响力说。如果说每个学生都有一颗温润的心可以满足归属的需要的话，那么影响力的需要是什么呢？

"影响力的需要"这六个字的关键词是"需要"，因为是学生渴望自己的某种"力"可以影响到别人。这就是通常所说的价值感。当然，影响力也可以是自己释放出来的力量影响别人。我们认为这种自己释放出来的力量就是向上的动力。

试想，当一个学生能够时时感受到来自父母、朋友、老师等的价值认可时，他是不是特别有价值感？一个特别有价值感的学生，会产生心理问题吗？那些有各式心理问题的学生，恰恰总是感觉自己在别人心目中可有可无，或者直接被忽视。当然，一个有向上动力的学生，能不主动要求上进吗？他会迟到、不交作业等吗？

当然不会！

诚然，向上动力的激发，不仅仅是通过价值感的满足，也可以通过外在影响而达成。美国教育家约翰·杜威在《民主主义与教育》中讲道："学校教育的价值，它的标准，就看它创造继续生长的愿望到什么程度，看它为实现这种愿望提供方法到什么程度。""继续生长的愿望"就是生长的动力。学校的价值和标准就是看学校在多大程度上激励学生，为激励学生而想方设法到了什么程度。这种"激励学生"更多的是强调外在激发。

语文名师于永正先生曾说："如果说教育的第一个名字叫影响，那么它的第二个名字就叫激励。"我以为，于先生所说的影响就是用美好的形象影响人，让温润的灵魂形成的氛围来建构学生心灵的温润。而激励，自然就是给予学生成长的动力。

如果我们功利一点儿，仅仅从学生上来说，归属感和影响力也应该是教育的核心。马兰教授在《掌握学习与合作学习的若干比较》一文中讲道:"只有满足学生对归属感和影响力的需要,他们才会感到学习是有意义的,才会愿意学,才会学得好。"

"学得好"必须以"愿意学"为前提,而"愿意学"的前提是学生们感受到"学习有意义","学习有意义"的前提是满足"学生对归属感和影响力的需要"。

让每个学生都有归属感和影响力,或者说让每个学生都有温润的灵魂、健康的心理和向上的动力,不就是最基础的教育应做的吗?

作家张晓风先生说:"树在、山在、大地在、岁月在、我在,你还要怎样更好的世界?"我想说:"基础教育阶段,如果我们的学生有了温润的灵魂和向上的动力,你还要怎样更好的教育?"

构建学生温润的灵魂,让学生们成为善良的人;激发学生成长的动力,让每个学生都积极向上。这就是那天我们谈论的基础教育的基础。

下面,请允许我按照我们的理解来讲述。

第二节 用两把"钥匙"解决德育的全部难题

几个人聊天，如果没有疑问，只是一言堂，那聊天就不可能深入。

真正深入的聊天，总是以不断出现的问题推进，以不断的思考促使明晰。例如当时梓的问题："这两个基础怎样才能落实呢？"

这是一个非常实在的问题。教育该怎么做，从来都不缺少说法，缺的是把"该怎么做"转化为"这样做"的方法。

"我可以先不回答这个问题吗？"我不敢说自己胸有成竹，毕竟有过一些实践，"咱们能不能一起思考这样一个问题——为什么从小学一年级就教育学生'好好学习'，多年之后很多人依然不好好学习？如果一次教育有用，那么就不用后续教育了。"

"这就是教育的反复性啊，人都是这样的。"梓很直接。

的确,这是通常的认知,很少有人会在这些通常的认知基础上继续追问,例如追问"为什么会有反复性啊"。

我就这么追问了。但梓很滑头,立马搜索出了我写过的一篇文章:

《中小学德育工作指南》中提出,要"始终坚持育人为本、德育为先"。翻检各级各类教育文献,几乎都是把德育放在了教育的首要位置。

但是,我们很难像表述经济、社会文化等其他事业一样,自豪地说德育取得了极大进步,因为,教育的现实是学校德育面临着越来越多的挑战。于是,我们不能不去深思:德育,到底有什么问题?

一、德育的片状化存在实际

因为对班主任工作有了些许思考,几乎每天都会有朋友问询类似的问题——

1. 我班某某学生心理问题严重,总是处于自卑的状态之中,我该怎么办?

2. 某某同学不爱学习,一点进取心都没有,该如何调动该生的学习积极性呢?

3. 我班纪律散漫,没有凝聚力,这样的问题该如何解决?

……

这是一种典型的片状化思考。我给出的答案往往是:"我也不知道该怎么办。"如果某位教师说:"我

27

能解决学生的心理问题。"恕我不敢盲目相信，因为心理问题并非一朝一夕之功可以解决，也非简单地找心理咨询师等可以解决，何况找心理咨询师还有一个很大的弊端——容易被贴上"有心理疾病"的标签。这不是讳疾忌医的问题，而是负向标签对人的负向暗示作用的问题，负向暗示是教育的大敌。这种片状化思考的实质是遇到问题解决问题、被问题牵着走、被班级带着走，而不是主动带班。

另一种片状化表现是各个教育目标之间是独立的，构不成有效德育的必需。我的言说，可能您不大理解。我仅提供一个问题供大家思考：是不是小学一年级的班会主题和二年级一直到高中三年级的班会主题基本一样？我相信，您不会给出否定的答案，因为这就是教育的客观存在。那么，我再来追问："为什么这么多年的教育主题会基本一致？"诚然，不少朋友会说，这是基础教育阶段培养学生的基础品质所需要的啊，例如遵守纪律、热爱集体、关爱他人等。如果我再做一个假设，不知道朋友们会如何思考：假设一年级的德育目标得到了很好的落实，例如遵守纪律得到了很好的落实，那么二年级以至以后，还用得着召开以"遵守纪律"为主题的班会吗？您的答案一定是：不需要。而客观现实是，以后仍然需要，而且会延续很多年。到此，问题就显而易见了——班会主题之所以会年年重复，是因为年年班会都收效甚微甚至无效。造成这种结果的原因，就在于各教育目标之间是独立的存在，是片状的存在。

二、片状德育无效的原因分析

很多时候，班主任的思维是后发思维。也就是说，我们总是沿着问题的方向往前走。例如，当学生谈恋爱了，很多教师总是会找学生谈话，进行所谓的青春期教育、情感教育等，甚或找寻很多解决恋爱问题的秘籍。但是必须承认，在恋爱问题面前，我们"这一个"班主任往往有些有心无力，因为结局往往是解决不了，还会因为老师的阻止增强了学生的反弹心理，使学生恋爱问题加剧。这种"找方法"的思维就是往前走，是后发。如果思考恋爱为什么会发生（诚然，您可以用人性来解释，但必须承认，在基础教育阶段，恋爱确实影响学习，还是不要让学生们涉足），将思维的目光转向问题产生之前，就是逆向思维，或者叫前置性思维。前置性思维将解决问题的发生因素作为研究点，规避发生的根源性可能，才是真正的解决问题之道。

那么，片状德育无效的根源是什么呢？

曾就职于美国联邦调查局的高德写过一本书——《信仰》，书的副标题是"洗脑术终极课程"。

各位可能会问信仰和洗脑术之间是什么关系？因为一提"洗脑"，我们脑海中往往出现的是"传销""邪教"等负面东西，怎么可能和"信仰"关联？在这本书中，高德为我们揭示了"洗脑"的本质，并把"洗脑"还原为中性词。读别人的书，我们在被别人洗脑；

和学生谈话，我们在洗学生的脑。任何影响人的思维方向的行为，都可以被视为洗脑。所以，我们不必认为它就是贬义词。只有勇敢而坦诚地承认教育也是一种洗脑行为，我们才可以继续探究如何做有效的教育，当然，包括有效的德育。

在此，有必要研究通常我们认为的"洗脑"成功的秘诀在哪里。

心理学研究表明，人的心理由内在心理结构和表层心理构成。人的内在心理结构具有较强的稳定性和较强的反调节能力。它在人7岁之前基本稳定，也就是说，在7岁之前，人的性格、气质、行为习惯、思维方式等基本稳定。因为稳定，所以不容易被改变；因为具有较强的反调节能力，所以一次性心理表层变化，就很容易因为反调节而消解。每一次对学生的教育行为，其实是对学生的心理表层做了一次调节而已，它改变不了内在心理结构的稳定性。"这一次"的影响效果，过不了多久就会被内在心理结构的反调节所消解。

各位朋友最熟悉这样一种教育现实：某某同学犯了错，您把学生叫到办公室，对他进行了一番苦口婆心的教育，该生也能够流下真诚的泪水，甚或写下认错的保证书，但是过不了多久，他还会犯同样的错误，于是您就会在事后说"这个学生屡教不改"。其实，不仅"这个"学生屡教不改，每个学生都会屡教不改，因为您的"这一次"谈话，只是对学生的心理表层做了一次暂时的调节而已，过不了多久，内在心理结构的反调节能力会使"这一次"的教育效果消解掉。

　　仍然以班会课为例，假设您这一周召开的班会课主题是"遵守纪律"，也就是说，将学生们的心理表层往"遵守纪律"方向上做了一次调节。据上文分析可以知道，"这一次"调节，不会影响到内在心理结构的稳定。相反，内在心理结构的反调节能力会使"这一次"调节消解掉。诚然，如果使"这一次"教育有效果，就必须在反调节尚未完全发挥作用之前，再进行一次同向的心理调节。也只有持续不断地往同一个方向上拉伸心理表层，才可能最终影响内在心理结构的稳定性。遗憾的是，这周班会课主题是"遵守纪律"，下周的班会课主题我不知道是什么，但我知道肯定不是"遵守纪律"。也就是说，无论您这次"遵守纪律"主题班会开得有多么精彩，因为没有后续心理调节，它的教育效果依然会消解掉。

　　这就是片状德育的无效原因所在。无论是主题教育还是具体问题的解决，无非是心理的表层调节而已，它起不到"有效"的作用。

　　"看看，你明明是研究过的，还吊我胃口！"梓有时就是这么直接得让人无地自容。但有友如此，也是幸福。其实，他们都是我多年的老朋友了，自然看过我的很多文字。这里只不过是旧话重提而已。

　　"重提也有它的价值，毕竟可以加深印象。"梓的补

充让我颇为欣慰，因为上述文字被不少研究者批评过是"洗脑"。我还讲过这样一段话："所谓自信，不是自认为自己有多么高明和多么正确，而是认定自己的判断，并坚定地走下去。"我讲述这些东西，也并非以自己的所谓正确来强加给我的朋友，包括正在阅读这些文字的您。

"三位再谈谈，日常带班过程中都有哪些困难？"

"学生迟到、早退、不交作业、欺负小同学、上网、学习没劲等。"

"如果有了足够的向上的学习动力呢？"

涵笑了。我知道她的微笑的含义，有时候懂得就是最大的幸福。

"如果能够感受到来自周围的温暖，感受到自己的价值，心理问题会得到有效解决，自我自私的行为也会慢慢消除。当然，即使学习不懂方法，因为有温润的灵魂做伴，这个教室一定是日本教育学博士佐藤学笔下的'润泽教室'，其他学生一定会帮助他的。一个学生处于学习的共同体中，还怕不会学习吗？"晟喜欢佐藤学，从《静悄悄的革命》到《教师的挑战》，从《学校的挑战》到《学习的快乐》，再到《教育方法学》，等等，他都认真研读过。于是，他替我回答了梓的问题。

"干杯！"四个茶杯碰到了一起，四个人相视一笑。这就是所谓的默契，不是吗？

做班主任，总觉得这也要给学生，那也要给学生，结果什么都给了，也等于什么都没给。那些困扰自己的问题，总是想方设法也解决不了，殊不知，只要抓住我们所剖析的基础教育的基础，做了该做的，通常那些放不下的事都没那么难。

第三节 德育场构建是班主任的
必然选择

窗外的雨依然在下。

都说最美人间四月天，或许美在吹面不寒的杨柳风以及万紫千红总是春。而在重庆，在今日，四月天的美就在于安静之中的雨声滴答。不知道为什么翻遍中国古典诗词，凡是听雨的都是伤感，只有这句"一声声，一更更。窗外芭蕉窗里灯。此时无限情"多少应和了此刻的况味。

如此刻的窗内，无限情。

情，总是需要一个黏合剂的。最坚实的黏合剂，不是厚重的礼物、柔和的话语，而是相通的理念，这或许就是"志同道合"最真切的含义吧。

谈的时间越长，被问题的奇妙吸引得就越深。

"从你刚才的文章中，可以知道有效的德育必然要走'长程'路线，也就是说要拉长德育过程的时间，将'一次性'心理表层调节转化为持续不断对心理表层施加影响，直至改变内在心理为止。关键是持续多久才可以改变人的内在心理呢？"

我喜欢晟，就是因为他具有非常优秀的思维品质，能够在平常中发现问题，在问题中寻找出路。其实，这就回到大家都很熟悉的问题上来了。行为心理学研究表明，连续 21 天重复同一种行为能形成一种习惯。当然，教育者都知道习惯是会反复的。如果要形成稳定的习惯，行为心理学告诉我们要连续至少 90 天重复同一种行为。90 天，就是改变人内在心理的时间底线。

"90 天，第一次听说！"涵很惊讶。

"呵呵，第一次听说的东西多了，不见得人家是第一次说。例如，庄子曰'吾生也有涯，而知也无涯'，老师总是告诉我们说'人的生命是有限的而知识是无穷的，你要好好学习啊，即使你穷尽一生也有学不完的知识'。可是人家庄子还有后半句——'以有涯随无涯，殆已'，意思是说'拿有限度的生命去追求无穷尽的知识，多危险啊'！"

当然，此刻又会产生新的矛盾——教育目标和教育时间之间的矛盾。以 2017 年教育部印发的《中小学德育工作指南》（简称《指南》）为例，初中学段的德育目标为："教育和引导学生热爱中国共产党、热爱祖国、热爱人民，

认同中华文化，继承革命传统，弘扬民族精神，理解基本的社会规范和道德规范，树立规则意识、法治观念，培养公民意识，掌握促进身心健康发展的途径和方法，养成热爱劳动、自主自立、意志坚强的生活态度，形成尊重他人、乐于助人、善于合作、勇于创新等良好品质。"这是国家教育"大文件"，也就是说并非细微操作层面的指南，而是方向性的定位。细微起来会有更多条目，即使是方向性定位，《指南》中也提出了 15 条。如果落实一条用 90 天，也就是 3 个月，这 15 条落实下来，就是 45 个月。而初中学生 3 年的在校时间（除去假期）也就是 26 个月。26 个月的现实与 45 个月的需要之间，距离很远。这就意味着，我们不可能采取"长程"来逐一落实，但是不"长程"又会导致德育收效甚微甚或无效。

为此，我们需要探寻一条"兼美"路线，寻找一条既可以照顾德育目标的丰富性又兼顾"长程"性的路。

这条路就是构建德育场，所以德育场是班主任带班的必然选择。

这里的"场"借自物理学术语。在某种空间区域，物体及物体性质之间能产生一种相互作用的力量，这种相互作用的力量集合，就是场。所谓构建德育场，就是构建一种以灵魂影响灵魂，以人格塑造人格的相互作用空域，而不是将综合性的成长进行片状化处理。这样就使得受教育对象成长所需的所有目标立体推进，在时间推移的同时就可以带动所有目标前进，解决了"目标多样"与"过程长程"之间的矛盾。人只有在环境中，才能得到全方位立体式的濡染，才能持续不断地改变心理表层，从而达到改变内在心理结构的目的。正如俗语所言："跟着啥人学啥人，跟着巫婆弄鬼神。"环境，才是改变人的最为核心的因素。

教育，不应该是被动的行为，而应该是主动构建。基于德育场的德育思维，就是使教育主动起来，主动构建一种符合学生需要和国家教育目标的场，让主动的力量引领全体学生成长，让整体的氛围带动"后进生"或"问题生"改变。例如，在一个充满温暖的教育场中，那些因为缺失存在感而产生的心理问题就可以被解决。

"呵呵，恕我直言，道理说起来简单，有本事你做给我看啊！"梓的话我不意外，"教育的世界里，该怎么做，从来都不缺理论，缺的是做出来的人。"

是的，不能否认，教育的世界，谁都可以指点江山，但真正能打下江山的有几个呢？

是啊，如何构建德育场呢？或者说，如何才能让学生有温润的灵魂、健康的心理和向上的动力呢？接下来，我们交流具体的操作方式，让理论成为可以落地的实践。

学生首先要成为人，然后才是其他，这是很多教育者的呼吁。呼吁的人很多，但能给出路的却很少。如果每个学生都有一颗温润的心，那么学生的心理缺失、校园霸凌等，都会化为乌有。

第三章 第一把"钥匙"：
让每个学生都有一颗温润的心

虽然一直在喝茶，下午茶的时间还是到了。

这是酒店赠送的茶点时刻。四个人走出了房间，到了专门的茶室。茶室优雅，白布轻纱幔将偌大的房间隔开成一个个独立的小空间，彼此独立，又彼此通透。人不多，或许多了就破坏了这里的氛围。音响流出的是《落雨听禅》。返璞归真的声音，幽远、清新、淡雅，如云飘逸，如幔飘逸，如心飘逸……

突然，一个四五岁的小男孩进入我的视线：盘坐蒲团，举杯轻柔。难得！都说男孩四五岁是狗都不愿意理的年龄，这孩子的举止却如此有致。

伸手，指向了男孩。

"这就是环境的力量！"

忘记是谁说的了，只是清晰地记得他们三人之中有一个人说了这样一句话。

第一节 班级记事让形象影响形象

是的,整个下午茶室里,每个人都盘坐蒲团,举杯轻柔。虽然无言,但似乎又在言说,这就是场的作用。小男孩的举止就是最好的明证。

证明场力作用的还有我两个"徒弟"的故事。记得某年我没有做班主任,却做了两位年轻班主任的"导师"。

因为刚刚毕业,她们都向我请教带班初期的稳定之道。于是我说:"无他,多进班尔!"看到两个年轻人疑惑的神色,我说:"进班之后,你们可以有两个选择:一是得空就和学生们交流;一是站在教室后面,抄着手,一句话都不说。你们两个去讨论,如果没有结果,你们一个人选择一种做法。"

由于初次带班,她们自然无法判断哪种做法更好,就真的一人选择了一种做法。

"各位,猜一下,一个月之后,她们的班级哪个更稳定？"我把问题抛给了三位朋友。

"当然是和学生交流的会更稳定了！"涵脱口而出。

"不说话的更好，因为不说话学生不知道你要干什么，就像打牌，当别人不知道你的底牌是什么的时候，他就不敢轻易出牌，就只好老老实实的。一个月的'老实'就成了半个习惯。"当然，这是晟的口吻了。"这就是心理学！"他又嗫嚅地补充了一句。

"那为什么一下课就和学生们多交流的会乱一些呢？"我继续问。

"一下课就进教室，你是班主任，你自然就是焦点。如果你不说话，学生摸不清老师的底细，只好保持平静；如果你开口了，就等于你这个班主任主动搅了一池春水。天天搅，就是乱。"晟继续答。

不说话，其实就在构筑一个场。您设身处地地想想，是不是有一种力量促使学生们保持安静？

亲爱的朋友，读这些文字，您是否有些疑惑：为什么不选择班干部来管理班级，却要班主任亲自进班？

其实，您是有经验的，班委管理的班级，不一定真的能稳定下来。再有就是，如果班委不合适，后续再更换就困难了。当然，您可以说没有困难，再选嘛！其实教育没有那么简单，如果刚开学时校长让您做了备课组长，没过一个月领导告诉您说您不太合适，要再选备课组长，您心里是什么滋味，被更换的班委成员就是什么滋味。德国哲学家尼采说："何为恶？侮辱他人便是恶。何为人性？不让任何人蒙羞便是人性。"当我们把班委更换掉，是不是让他蒙羞了呢，是不是就不人性呢？或许您说没那么严重。我也不想辩驳，您只要换位思考就懂了。我们前文提到过，教育不是辩论那么简单，有时候换位切身体验一下更重要。

刚带班的班主任，您可以试试上述的方法，希望对您有所帮助。

"回归正题，回归正题，说说怎样让每个学生都有归属感，具有温润的灵魂？"梓的特点就是，无论话题岔开多远，他都能拉回来，他的心永远在谈话的主线上。

"我是使用的班级记事。"这是真的。我知道读者如您，也一定会充满疑问："我们一直有班级记事啊，没见到有什么好的效果啊。"

不要忘记这个阶段我们的教育目标是什么，是构建让每个学生都有归属感的班级氛围，让每个学生在这样的氛围中，灵魂变得温润。所以，班级记事不是记录"应到几个实到几个""某某迟到"等的流水账，要围绕目标来记录，可将其他的东西忽略不计。记录的内容一定是班级发生的温暖而美好的事情。

前期，因为班级同学还不太熟悉，最好由班主任来记录。班主任只要记录事件本身就可以了。关键是，记录后一定要给学生反馈，有反馈了，它们才会产生作用。

为了简洁地说明问题，我把自己写过的一些文字分享出来——

> "带班，一定要在尽短的时间内建立起良好的班级秩序。"
>
> 这是很多班主任被领导要求或自己本身就认同的。因为在很多人的脑海中，带一个班级一定要在尽短的时间内让班级上路，让学生们明白规矩、遵守规矩。于是，在开学初的一到两周内，很多班主任就会建立起班委，制定起班规……
>
> 可是，大多数的班级在运行了一个月之后，总是开始或多或少地有"事故"出现，或违纪现象萌发，或班级散乱，或学生学无劲头……诚然，也有班干部不太合适的问题。何也？从心理学角度分析，一套体制或者一种制度建立之初，是没有人敢于违背的，人也会自发地约束自己的行为。所以，在这种"斩立决"式班级氛围中，学生们是不会冲撞班干部或违反班规的。但是，时间稍长，这种一直重复式的班级行走方式，因为只是机械地遵守、服从，不能给人新鲜的气息，会使学生心理疲惫和松懈。这就是一些班主任所说的"一些学生，时间一长就露出了'狐狸尾巴'"。其实，这哪里是'狐狸尾巴'，这是学生心理的正常反应而已。
>
> 为此，笔者开始思考"小切口"的带班方式。

　　所谓"小切口"，是相对短时间内就构建完备的"横切面"式带班路径来说的，它的基本行走方式是以一点为经，以不断扩大的带班内容为纬，在不断拉长的过程中完成班级的构建。只抓某一个点，对其他的东西相对忽视，而"某一个点"就是我们关注的点。

　　可能很多老师会问我："当你只抓一点的时候，班级会不会杂乱无章，会不会出现各种各样的问题？"其实，这是不必担心的，因为从心理学角度来说，任何人在一个新的起点和新的班级，都不会想让人知道自己的缺点和不足，这种"自我印象粉饰心理"以及"自我展示心理"都会使这个班在无序的状态下运行一到两周。从管理学角度来说，一个管理者想抓的东西越多，往往失去的也会越多，而最佳的方式是抓一个是一个，由小到大，由少到多。所以，此时采取全方位管理和全方位放任的效果是差不多的。此时的关键就是，在宏观带班架构前提下，抓住"某一个点"，然后用这一个点将无序的班级贯穿起来。

　　诚然，这个"点"的背景是班主任的带班宏观架构要清晰。例如，我这个学期带班的核心就一个点——让别人因我而幸福。（其实，就是我们讲述的给每个学生归属感，从而构建温润的灵魂。）那么，幸福、感人的细节就是我要抓的点。

　　于是，在开学第一天，我就开始用自己的眼睛盯着那些可以让人感动的细节。

　　记得发学校纪律手册的时候，不少学生从我手里接过手册都会说声"谢谢"。于是，我在发完手册后，就说："我今天很感动，这份感动让我感到大家是有素质的，因为很多同学从我手里接过手册的时候不忘记说声'谢谢'。什么叫素质？素质不是高大上的存在，而是生活中的每个细节。有人说一滴水可以折射整个太阳的光辉，说实话，这些个细节告诉我，和你们在一起会很幸福。但愿我们的生活中多一些'谢谢'，多一些素质。"

是的，我不能说所有的学生都因为这样一段话就提高了素质，但我相信，这样一段话会让更多一些的学生会说声"谢谢"。

印证我猜想的是第二天的发书事件。因为一下子要发 53 本书，当所有的学生都把书抱到教室里时，弄得乱七八糟一地都是。我知道，如果此时我亲自去做这件事就失去了锻炼学生的机会，一个班主任指定人来做事是不利于构建"幸福"需要的典型。于是，我说了一句："我就不信 36 个同学不能把书发下去！"然后，我离开了教室，走到了走廊上。

这时，我见几个女生开始把书按照一定的顺序分类，我看到了一个叫文的学生悄悄地剪断了捆扎书的塑料绳，我看到了一个叫宇的学生在逐一登记书的名字，我看到了一群女生怀抱着一摞摞的书走向每一个课桌……书发完之后，那个叫宇的学生说："现在我来读书的名字，大家对照看看自己少哪本书。"在一个个书名的读报中，我感到了这个学生的细心。更让我感动的是，一个叫逸的同学没来报到，剩下的是一套残缺书，一个叫萱的女生竟然主动说把自己的书给逸，她自己则到图书馆重新领取……

书，就这么发完了。

当一个老师用眼睛去寻找美好的时候，美好就会源源不断。而当一个老师进入班级只是盯着毛病的时候，那么毛病就会不断。教育家说："当你一直说某个学生是好学生的时候，他最终能成为好学生；当你一直说某个学生是坏学生的时候，他最终就会成为坏学生。"是啊，班级也一样，每一个被带差的班级往往是班主任盯着差的方面的结果，而被带好的班级往往是班主任盯着好的方面的结果。教育的正能量会带来正能量，而教育的负能量自然会带来负能量。

自然，我会不失时机地对这些好现象进行表扬，更表扬了发完书后默默打扫卫生并用手抱着垃圾（当时没有领取卫生工具）送到大垃圾桶的两个同学。

"我当了15年老师，你们是我见过的最懂事、最有爱心也最让我自豪的学生。"我的语调很激动，"我就想，我能给你们什么？那就是幸福。学生们，我会让你们因我而幸福，我也想把'让别人因我而幸福'作为我们的班级文化核心。因为每个爱心饱满的你们，是可以让我们班幸福的。"

于是，我问我的学生："你们希望被人管吗？"

"不希望！"

"你们是希望有班规呢，还是没有班规呢？"

"没有班规！"学生们很兴奋。

"那好，我们不用班规。我姑且相信你们，我倒想看看谁会是我们班第一个犯错的人。大家也替我睁大眼睛观察。还有，我不安排值日生，我看有没有人打扫卫生；门窗水电我不安排人关，我看有没有人做；各种操我不安排人带，我看你们会不会做得比别的班好……"

真的，谁都想不到，班里各项工作竟然有条不紊地进行。教室里干净有序，每节课前黑板被擦得干干净净……甚至每节课的"起立"都是班上所有学生一起喊的。

我始终觉得，教育学生最好的方式不是道理的述说，也不是故事的讲述，而是最鲜活的身边实例。

接下来的几天，另一件让我感动的事情出现了。那是周五，不知道是谁提议，让班里所有的学生大扫除。走读生从家里带来了抹布、洗涤剂以及擦玻璃用的专业工具。周一的早晨，当我走进教室的时候，忽然发现教室洁净无比，而且窗帘也被洗得干干净净。真的，若说原来的感动有"技术"成分，这次的感动则没有任何杂质。

"我不知道该说什么，真的不知道。你们让我看到了什么是人，什么是真正的健康、和谐。感谢你们，我因你们而感到幸福！"

没有掌声，整个教室里静悄悄的。我知道，这种静悄悄的背后是每个人内心的波澜起伏。（这里笔者必须要有所补充。朋友们注意，我并没有去调查带工具和具体打扫的人是谁，所以也就没有表扬到具体的人，而是表扬现象。经验告诉我，欲形成班级氛围，一定要表扬现象，而不要去表扬个人，对个人的表扬一定要放在私下里。我知道这样依然不能够说服各位接受，我只能用真实的案例来告诉各位。在一次学术交流中，我不断地对听课的朋友说感谢："感谢大家给我面子，不睡觉不聊天不刷手机，而是静静地听我讲。这是什么，这就是大家给我面子，是大家愿意学习，是大家有修养的表现。"反复地这么说，会场就愈加安静。在讲述"要表扬现象而非个体"时，我问了大家一个问题："朋友们知道今天的会场为什么会这么安静吗？"当时大家面面相觑。我没有直接揭晓答案，而是说："虽然大家今天非常给我面子，素质非常高，我还是想说，今天听我讲述最认真的是正对我这一列中的穿红色衣服的姐姐。"话音刚落，会场一阵骚乱，大家都在东张西望，看谁是穿红色衣服的姐姐。其实，我专门选了没有穿红色衣服女士的一列。我笑而不语，等大家回过味来，我才说："朋友们发现了什么，是不是这列没有穿红色衣服的姐姐？"大家都会心一笑。"但是，刚才的会场产生了一丝骚乱。当我表扬穿红色衣服的姐姐的时候，你是不是产生了三种心理反应：一是，'我也听得蛮认真的，凭什么说穿红色衣服的姐姐最认真'；二是，'穿红色衣服的姐姐是谁，在哪里'；三是，'这个家伙，专门看穿红色衣服的姐姐'。当然，我这样做有开玩笑的成分在里面。无论怎样，表扬个体就产生了骚乱。咱们的会场真的一开始就这么安静吗？不是，难道聊天、睡觉、玩手机我看不到吗？我看得到，但我就是不断感谢大家给面子，不断表扬大家有修养，慢慢咱们会场就安静了。这就是表扬现象和表扬个体的效果区别。"我相信，各位读到这里，就理解我所谓"形成氛围要表扬现象""表扬个体要放在私下"的因由了。对不起，这里插入的内容太多了，只是我觉得非常有必要说明。烦请您继续往下看。）

为了更好地和学生们进行灵魂碰撞，一如我多年走过的路，我开始和学生们进行书面交流。我始终觉得，在所有和学生们进行灵魂碰撞的途径中，没有哪一种途径可以超越"小本本"。在和学生们的交流中，我的世界丰盈而幸福，学生们流露出的很多困惑也被我化解，自然那一个个奉献的灵魂也被我进一步地激发着。

啸在书面交流本里告诉我："在很多同学都在为班级尽心竭力的时候，总是有少数人每天坐享其成，对这些人一定要严格管理。"

"如果太阳照在了大树的身上，在大树沐浴阳光的时候会不会也有阴影出现呢？我们不可能要求每个人都纯净，但要相信，当太阳移动的时候，影子也会转变方向。即使不能如此，也要相信，冬天树叶稀少的时候，阳光的领地就会扩大。我曾经在自己的日记中写过'如果你愿意欺骗，我就愿意相信'，其实就是坚信人性的美好、坚信未来的美好。做好我们自己,他们就一定会改变。请相信美好本身的力量。"

晓在书面交流本里写道:"景今天早早地来到教室,在每个同学的桌子上放了一张醒神卡,只有我一个人看到了,她不让我说,我真的为她感动。"

"我一直坚信,使人走得远的不是能力,而是一个人的品德。有这样的人是我们班的幸福,你能为她感动,我同样相信你也是这样的人,因为只有美好的灵魂才能发现灵魂的美好。"

……美,就这么无声地传递着。

自然,也有"丑"的蔓延。正如我们一直告诉某个学生"你是个优秀的学生"他会变得优秀一样,如果我们一直盯着班级的"黑暗",那么就会"事故"不断。时下,有些班主任在工作中往往看到的不是美好,而是盯住了"事故"、盯住了"扣分",于是他就整天在烦恼中度过,班级也会因为他的烦恼而增加更多的烦恼。反之,盯住了美好,就会用美好塑造美好。

为了让班级进一步美好,我宣布了班级的第一项政策:班级内称呼的改革——同学们相互称呼,名字为三个或三个字以上的,只称呼名;两个字的可以姓、名一起称呼。例如,吴雅文,我们就称呼雅文;钱嘉仪,我们只称呼嘉仪;而陈翀就可以直接叫陈翀。

称呼,一个简单的变化,足以拉近人与人之间的感情。形成一个相互亲近的家庭式的班级,不是用"我们要像一家人一样"的要求就可以的，而需要点滴细节的铺垫。

"从你的文字中我可以看出，其实你是有一条线，或者一股气在牵引班级的。"梓好久没有说话了，一出口就点出了其中的奥秘，"这就是场的作用。"

真正的学术研究者，往往懂得抓住关键问题来询问。例如梓刚才的话，如果仅仅是点出了"有一股气在牵引"就结束，那只是明白了结果。其实，原因比结果更重要。还是那句话，三位朋友这么远赶过来，我不管自己说得对与错，总得把自己的所知都分享出来吧。于是我就问梓："这一股气是怎样形成的呢？"

"回应！教师的回应才是关键。"

是的，如果教师对美好的事情不做回应，或者不因美好而表达感慨或期待，美好就会作为一种固定的姿态存在，很难产生力量。产生了力量的回应，才能形成"气"。我后来把这股"气"命名为"班气"。

咱们做班主任的，不能简单地点评事件，一定要懂得合宜地期待表达。期待是关键，合宜自然是尺度把握。

诚然，如果班主任每天都来观察记录，那就累坏了。前一个阶段，班主任站在教室后面抄手不说话，其实就是在观察美好；利用聊天本子发现美好，就是进行"第三选择"。

当班级有了基本的雏形之后，后续的记录就由学生们记录。

具体的操作方式如下：

1. 记录员顺序：推火车式，一个接一个。

2. 记录要求：（1）沿着美好温暖的方向，不记录不好的事情。因为美好才能带来美好，更多美好的涌现才能形成氛围，形成场。（2）记录长度是相应学段语文考试作文的长度。因为要锻炼学生们的选材、剪裁能力。（3）记录要有细节描写。因为后续要让记录员在第二天朗读记录的文字。有细节才真实，有细节才能生动感人，有细节才能有更好的触动效果从而真正影响学生们的心灵，有细节描写才能真正锻炼学生们的写作能力……（4）要有可读性。

例如，子晗的记录：

夜幕中的美丽

记录：子晗

时间：10 月 17 日

晚自习铃声已经消匿了一段时间，偌大的校园慢慢安静了下来。

安静有时候是一种声音的消失，有时候是灯光的独擎。就如此刻，透过后窗，远处的高一教学楼一片黑暗。走出教室门口，平行位置的高三年级教学楼也不见丁点儿灯光。

高二教学楼，三楼，靠东头的教室里，灯光明媚。601女生宿舍的全体女生和几个男生依然在各自奋斗着。谁也想不到我们是分班时理科最差的班级，更不会知道这仅仅是一个才组班一个半月的班级。

安静的空间里，我要写班级日记了。今天发生了太多感人的事情，但我不知道该如何记录，该选择哪件事情来记录。说实话，刚才的灯光感动了我，这是一种不服输的精神在我们每个人心底发芽的最好证明。只要心还在，谁能说我们不会优秀呢？

突然，一阵窃窃私语传入我的耳朵。抬眼望去，"数学小王子"东正给我们宿舍的老大绮讲数学题目呢。绮踮着两个脚尖蹲在东的课桌旁，一会儿两条腿着力，一会儿又将全部重心落在一只脚上，而将另一条腿伸直。我不知道采用这种半蹲的姿势她有多累，但我知道她的腿是发麻的，不然她不会轮换着伸腿。

东头向左微倾，右手紧握的笔在草稿纸上指指画画。或许是看到绮太累了，东就把自己的座椅让给了绮来坐，他自己则蹲在一旁讲解。

一个同学给另一个同学讲解题目，或许不是什么新奇的事情，但这事发生在东身上，就新奇了很多。数学是他的强项，也使他高傲。据说高一时，他在原来的班级从来不给别人讲题目。他的高傲，显得冷，所以也没有多少人愿意跟他交往。

而今晚，一个在钻研自己题目的高傲人，竟然给别人讲起了题目，还把凳子让给了别人，这不能说不是奇迹。

学校不让带手机，否则我一定要用手机拍下这美丽的瞬间。

时针指向22：30的时候，我们才离开教室。

正要欢呼离开教学楼的时候，又是东，用一个"嘘"的手势制止了我们——夜安静才美好，灵魂不闹才高尚。

夜幕中，我们静悄悄地走向了宿舍楼。

没有星星，但今夜好美！

"你班学生太棒了，文章都写得这么好！"涵就像是个学生，"你怎么能说你班是差班呢？这学生的文字，好班的也不见得能写出来啊！"

我不得不补充一下，要慎重选择第一个记录人，因为上述的记录要求，需要有一定写作水平的学生才能达到。第一个样板出来，后续记录者才会尽自己最大的努力来记录，才能记录得好。记录得好，第二天朗读的时候，才会有感染力，才会影响更多的学生。

当然，这里我已经说出了记录之后怎样使用学生的记录了——让记录者第二天声情并茂地朗读前一天记录的内容。正如上文所说，回应才有效果，这里应该是展示了才有效果。所以，需要让学生朗读出来。朗读出来的效果和

读的效果有关，也和记录的要求有关。

无意中环顾四周，偌大的茶室里只有我们四个人了。我们相视一笑：走吧。

"如果只是记录了，第二天读一下就算是一次记录的结束，那就真是太遗憾了。真正的高手，是懂得将'美好'的功用最大化的。"边起座，我边丢下了一句话。

"如何最大化？"是晟的声音。

第二节　由点到面构建全员共育场

穿堂过道，没有过多的停留，我们就回到房间。

晟还是穷问不舍："如何最大化？"

没有回答，我打开了自己的班级博客，再次呈现出来子晗写的那篇文章，只是变成了这个样子——

夜幕中的美丽

（梅评：我喜欢这样的标题，"夜幕"二字也能凸显出来"我有他无"的味道。）（晗评：老师，真没想这么多。你这么一点评，我要嘚瑟了。哈哈。）（晗爸：我也觉得不错，我女儿嘛！）

记录：子晗
时间：10 月 17 日

晚自习铃声已经消匿了一段时间，偌大的校园慢慢安静了下来。（梅评：环境衬托，作家手笔。）（栋妈：这才显得咱们班棒！）（泰妈：就是，把别的班比下去了。）

安静有时候是一种声音的消失，有时候是灯光的独擎。（朱老师：我觉得这句老梅要点评一下，太有创意了，还特别准确。"安静……有时候是灯光的独擎。"赞！）就如此刻，透过后窗，远处的高一教学楼一片黑暗。走出教室门口，平行位置的高三年级教学楼（泰妈：提前进入高三状态，咱班真棒！）也不见丁点儿灯光。（梅评：高一没人了，高三也没人了，对比鲜明，唯有我们的灯亮着。这灯光，就是我们前进的灯塔，有如此精神，谁敢说我们的结果不好？）

高二教学楼，三楼，靠东头的教室里，灯光明媚（梅评："明媚"一词，妙绝！）。601 女生宿舍（雯妈：我家姑娘的宿舍明天也来学习就好了。）（雯：老妈，瞎操心，我们会的。）的全体女生和几个男生（栋爸：不知道有没有我们家栋栋。）（栋：没有，有的是人家的东。明天才可能有你儿子。）依然在各自奋斗着。（梅评：为 601 的女生和几个男生点赞。只是孩子，量力而行，也别太累了。）谁也想不到我们是分班时理科最差（瑞妈：这么下去，可能最好。）的班级，更不会知道这仅仅是一个才组班一个半月的班级。（梅评：一个多月就有如此表现，我内心窃喜。也有一丝的担心——别是一阵子热吧。）（成妈：一个月就这么大变化啊，我们家儿子不知道走了什么运，遇见这么好的班级。）（晗爸：真不多，我看到了"绝地反击"的力量。）（雯妈：加油吧，孩子们！）（文爸：老师们辛苦了，孩子们加油！）（绮妈：孩子们加油！）（张老师：一起努力！）

安静的空间里，我要写班级日记了。（梅评：很强的现场代入感。）今天发生了太多（梅评：我多想了解到底有多少啊！但我知道，写作艺术的需要，你只能选典型的来写。这个"太多"让我感到了幸福。）（茵爸：我也想知道有多少。）感人的事情，但我不知道该如何记录，该选择哪件事情来记录。说实话，刚才的灯光感动了我，这是一种不服输的精神（晟爸：不服输，就不会输，我相信。）在我们每个人心底发芽的最好证明。只要心还在，谁能说我们不会优秀呢？（梅评：有哲理的味道。只要我们不服输，只要心还在，我们就一定会优秀。）

突然，一阵窃窃私语传入我的耳朵。（梅评：现场感。）抬眼望去，"数学小王子"东正给我们宿舍的老大绮讲数学题目呢。绮踮着两个脚尖蹲在东的课桌旁，一会儿两条腿着力，一会儿又将全部重心落在一只脚上，而将另一条腿伸直。（梅评：为绮绮感动。）我不知道采用这种半蹲的姿势她有多累，但我知道她的腿是发麻的，不然她不会轮换着伸腿。

东头向左微倾，右手紧握的笔在草稿纸上指指画画。或许是看到绮太累了，东就把自己的座椅让给了绮来坐，（梅评：中国好同学。）（绮妈：真的感谢东，绮绮数学不好，希望在你的帮助下能赶上来。）他自己则蹲在一旁讲解。

一个同学给另一个同学讲解题目，或许不是什么新奇的事情，但这事发生在东身上，就新奇了很多。数学是他的强项，也使他高傲。据说高一时，他在原来的班级从来不给别人讲题目。他的高傲，显得冷，所以也没有多少人愿意跟他交往。

而今晚，一个在钻研自己题目的高傲人，竟然给别人讲起了题目，还把凳子让给了别人，这不能说不是奇迹。（梅评：这就是咱们班，让彼此因为对方的存在而感到幸福。每个人都在改变着，每个人都在逐渐丢掉小我，为班级这个大我而付出。）（东爸：学会帮助别人就是人品的成长，我为东有这样的转变而高兴。）

学校不让带手机，否则我一定要用手机拍下这美好的瞬间。（梅评：这个，真不能带，咱不违规。我明天带个相机，以后咱在教室后面搞个精彩瞬间展。）（倩好妈：我家倩好是学摄影的，我明天让她带相机来就行。）

时针指向22：30（梅评：学到这个时候，我唯有感动。）的时候，我们才离开教室。

正要欢呼离开教学楼的时候，又是东，用一个"嘘"

的手势制止了我们（梅评：这就是素质，素质，我班的素质！）——夜安静才美好，灵魂不闹才高尚。（梅评：出口成章，格言的味道。）

夜幕中，我们静悄悄地（梅评：这"静悄悄"好美。）走向了宿舍楼。

没有星星，但今夜好美！（梅评：好美！因为我们好，才有了夜空的美。）

（泰爸：真好。学生在这样的班级，还愁学不好吗？）（倩妤妈：我看到了学习劲头和团结互助的氛围。）（张老师：这个班级的变化，超乎我想象的好。）

（刘老师：老梅辛苦了，大家辛苦了。一起努力，绝地反击！）

"天哪，班主任、老师、家长、学生一起点评，真是效果最大化了。"晟认真读完每个点评，赞了我一下。

是的，很多时候，沉默胜于言说。你不用说话，摆在那里的事实会无声地为你言说。对学生的鼓励，会在事实背后发生；与家长的沟通，事实本身就是沟通；对教师的团结，班级生长就是团结最好的手段。

每次学生读完自己的班级记事，我会把记录本拿到办公室，敲成电子稿，加上我的点评，发到班级博客里。我们的班级博客，学生、教师、家长有一个公共的账号和登录密码，谁都可以加上自己的点评或者感受自由编辑。这

样大家都可以在班级博客平台上以班级记事为媒介进行充分的了解，然后让心慢慢凝聚。

"现在有些家长要求多，给了我们很大压力。"涵的牢骚，我们每个人都理解，确实家长的一点不满意就会给我们带来压力。"感谢梅老师，让我学到了家校沟通的好方法。"

"对了，梅老师，你不是写过关于家校沟通的书吗？把好的方法再传授给我们一些呗。"梓的话把我们的谈话转移了个方向。对不起，亲爱的朋友们，为了尊重当时的真实情况，我只好在这里谈谈家校沟通的一点知识，暂时搁置一下班级记事。

第三节 并非多余的家校沟通节奏

"家校沟通，还真不是简单的事。我们听过很多关于家校沟通的道理，但家校沟通还是问题重重。"就此，我开始了自己的讲述。

一直以来，家校沟通存在认识上的误区。

我曾应邀去一所学校做家校沟通交流，首先是各部门代表谈自己团队的做法，而后才是我的讲座。后来，我一直没能打开预先制作的PPT，而在纠正认知上的偏颇上就花了两个小时。

先来看代表们分享的内容，无非集中在几方面——

一是沟通技巧：如何调整情绪、如何运用语气、如何变换立场、如何揣摩心理、如何营造氛围、如何理解家长……

二是沟通平台：班级群构建、家校沟通网络平台的运用、交流场合的创新、家长沙龙的构建……

三是对家长进行教育引导：家长会的运作、家长沙龙

的举办、家校活动的开展、家长讲堂的开设、家校课程的共建……

四是特殊家长的关照："两端"家长的沟通技巧、特殊学生家长的沟通注意事项……

我所列举的或许并非全部，但这些几乎包括了家校沟通的所有相关内容。如蒙您赞同，我们继续交流。

先进行一些简单的思考：您做了上述某些甚至全部之后，是不是家长就和您风雨同舟、荣辱与共了呢？

我经历过，当我把全部心血投入了班级，把全部精力放到学生身上时，还是有家长到校长那里告了我一状。

我如此说，非指上述几点不重要，而是想表明把那几点当作家校沟通的研究重点是误区。因为即使上述几点您能运用自如，如果班级出现问题，尤其是学生的分数没有提升甚至下降的时候，您上述几点的运用效果将会是零。因为家长的终极判断标准是学生的分数，而不是你做了什么、如何做的。

一旦分数出了问题，你摊开双手说："我做了很多的。"有人听吗？没有！

这就是家校沟通面临的事实生态。

我知道，到这里您应该会认同我的说法，或许您也有过我所说的经历。

必须要明白的是家长是什么。

是的，如您所理解，家长是很重要的教育资源，家长的教育理解和家庭教育氛围可能决定学生的一生，这也是家校沟通的必要性所在。

对于你我"这一个"班主任来说，家长是什么呢？您请注意下面我的阐述顺序，三者不能换顺序。

第一，是规避我们教育风险的对象。对班主任来说，如您处理不好与家长的关系，工作起来就会如履薄冰。如此说丝毫没有夸张成分。

第二，是我们借力的对象。班级事故的处理、教育情境的构建以及班级日常运作，都离不开家长的支持。在赢得家长认可的基础上（规避风险，就是赢得认可），班主任要懂得向家长们借取力量，让家长成为得力助手。

第三，是共营班级的合伙人。班主任的个人局限性注定了其很难担起全方位的班级发展重任。如果能引进家长资源，让家长介入学校教育，将会丰富学生们的课程资源、开阔班主任自身视野、减轻班主任工作负担，也将会在不断共营过程中，提升家长的换位思考意识和教育理念，让家长更好地理解班主任并与其共同开展良好的家校共育。

再次提醒，这三点顺序不能颠倒。下面我就举例来说明。"对家长进行教育引导"，这是很多"家校沟通主义者"都做的事情，他们认为提升家长的教育理念非常重要。但是，您想过没有，培养家长是您的责任吗？王晓春老师说：

"教育是有边界的，一个教师不要把什么都揽到自己怀里，认为是自己的责任。"严格来说，教育家长是社会或者自我发展的事情，而不是班主任的事情。如家长素质高，不用您教；如家长素质不高，他不屑于您教。（在他的意识里，你凭什么教！）但如若到了我们所说的共营阶段，不教，他也会受影响，他的教育意识和理念自然也会有所提升。如无前两个阶段做基础，就直接对家长进行教育引导，恐怕会问题重重吧？

即曰，家校沟通有阶段或节奏。

请您设想一个最基本问题：家长愿和您沟通的前提是什么？如您所想，家长必须对您这个班主任有一定的信服，才可能有后续沟通。家长不会因为您的艺术或言语而信服您，每个家长都有自己的认知和判断能力。让家长信服的唯一可能，亦即家校能够沟通合作的唯一基础，是您有明晰的带班理念和带班路径，让家长们意识到孩子在您班上有发展前途。如这一前提没做好，您就开始情感投入，效果会大打折扣。

如前所述，沟通是有阶段的，现结合沟通阶段谈谈如何进行家校沟通。

沟通前提：给家长介绍您的带班思路。我第一次和家长进行"茶馆座谈"时，就先给家长详细介绍了我设想的"第三种班级生态"（这个问题后续会谈，此处不展开），并将班级的生态特征、行走路线、教育依据、保障措施等逐一向家长进行了介绍。这是能够吸引家长与我们合作的基础。

第一阶段：情感磨合。此时，您可运用各种技巧和艺术。诚如上文所言，家长不是学生，技巧和艺术有点缀作用，但它们构不成沟通主体。因为家长不但要"观你言"，更要"察你行"。让家长"察你行"，不可能让家长到学校里监督观察，最有效的方式就是让学生的言行传递你的行动效果。我采取的是"你言我语"，具体而言就是把学生们的日常言语加上我的点评经常性地通过沟通平台发送给全体家长，让家长们从学生的言论中感受班级的变化。

　　1. 这个学期虽然刚开始，但我已经发现了自己的变化。我不再像以前一样下课只知道打闹、上课昏昏欲睡了，现在的我变得更加充实了。这样的变化让我心情愉悦，学习也比以前更有动力了。

——镛

　　2. 我觉得自己还远远没有尽全力，我会对自己要求更高，至少我会说："让我每天入睡前没有负罪感，对得起自己的每一天。"

——风

当然，更重要的是我们刚刚谈到的班级记事的博客展

示。班级好坏，不是靠嘴巴去说，而是用生动的案例来呈现。这两个学生的明显变化，放在那里，不用解释，家长就能感受学生灵魂拔节的声音。最真切的感受，才是最好的沟通。

这项工作贯穿带班的始终，也就构成了家校沟通的经线——情感线。

第二阶段：工作让渡。很多班主任抱怨过，自己付出了很多心血，还是有个别家长不参与班级事务。各位如有经验，就会发现，给班主任工作带来被动的往往就是个别家长。让家长们参与的最好方式不是要求，而是让他们有存在感。您是知道的，有存在感的方式就是让家长做事情。优秀的班主任一定懂得把一些事务让渡给家长去做。

我举例说明。班级发展还有一条经线——动力线。动力线的第二个阶段——寓励志于快乐，我没有亲自去做，而是让家长们分组讨论应该采取怎样的方式，需要多长时间。讨论的结果是"每周一歌"，每周让学生们唱一首励志歌曲，六个小组唱六首，第七周进行班歌会演。方式是他们讨论出来的，具体选哪些歌、顺序如何排列、有何依据等都让家长去探讨论证。

家长们经过广泛遴选，结合班级发展的阶段需要，确定了六首歌。第一首是《海阔天空》。因为我班当时是最差的班，被别人看不起，学生们也有自卑感。于是，家长们综合各种考虑，选择了《海阔天空》作为第一首歌。这首歌利用的是学生的反弹心理，而在反弹心理下成长起来的学生或多或少会有些心理失衡。如果说第一首歌可能造成学生们心理失衡的话，第二首歌《有用人》则让内在的生长规避反弹的弊端。你若不努力，没有人可以让你崛起，"你不是不能，只是你肯不肯"。选择这首歌，可以说直抵人性的弱点，又可以树立起自信的旗帜，因为我们都是"有用的人"。唱第三首歌的时候，已经是开学的第六周了。此时，班级的自信有了一定程度的提升，班级合作也逐渐有模有样了。为进一步提升自信、增强合作，大家讨论后决定选择群星演唱的《崛起》作为本周班歌。（这部分内容，后续还会提到，这里先做个预热。）

接下来三首歌的选择也都完全符合了阶段需要，紧扣学生的心理。

您看，家长们这样做事情，是不是能感觉到"我很重要""我很自豪""我是班级的主人"？家长这种意识的树立，必须通过班主任的主动让渡才能实现。家长不主动，是班主任不让渡所致。

第三阶段：共营班级。这里包含共同营建班本课程等，此不赘言。上文我表达过这样的意思：无论沟通艺术有多么高明，如果家长感受不到班级的变化和学生的进步，所有的"艺术"最后都是空。如要确保班级和学生们有不断向上的变化，我们需要引进一个名词——班级品牌，也就

是一个个让班级响亮的特色。让一个个"响亮特色"组合构成"品牌班级"。班级不断涌现一个个"品牌"就是班级不断进步的明证，也是让家长放心并与班主任贴心的最核心要素。由"班级品牌"到"品牌班级"，实为班级发展的一条纬线，自然也是家校沟通最重要的纬线。既然第二阶段你懂得了让渡，这个阶段您也一定要和家长们共营，而不要一个人承包。共营是责任的分担、家长的参与性体验，更是最好的家校沟通。所有的事情都要征求家长的建议，让他们帮助设计，让他们全程参与。

您看，这还是班主任在带班吗？不是了，这是大家共营班级发展。共营的过程，就是家长参与的过程，就是家长不断成长变化的过程，自然也是家校沟通的过程。如果家校可以共营班级，不就是家校沟通达到最佳境界了吗？您还会发现，一个"品牌"稳固了，班级发展就拥有了一个亮点，一个个亮点组合就点亮了整个班级。这样的班级能不优秀吗？学生们会没有分数吗？家校一起共营了优秀的班级和优秀的学生成绩，不就是家校沟通最好的结局吗？

看到三个家伙用心倾听的样子，我真的十分感动。或许是听起来新奇，竟然没有一个人反对或辩驳。我不知道亲爱的读者朋友怎么看待我的观点，我只想呈现出来，供您参考。

我知道，是时候回到我们岔开的话题了。

第四节　互赞让家校、亲子、师生温暖

如果朋友们再仔细审视发到博客里的那篇文章，您一定会为这么好的共育氛围鼓掌。上一节谈家校沟通节奏的时候，说到了如何一步步走向共营班级，但并非开始就可以如此团结。

这是需要一个过程的。

"如果你能够构建班级共育的场，你会发现这个世界上教师是最幸福的职业。"我开始卖起了关子，其实也是为了引起正在阅读文字的您的重视。我们听说过很多关于规避职业倦怠的说法，但更多的是谈如何提升业务能力、如何让自己爱上自己的职业，以及如何让自己有一颗淡泊的心等。但不可否认，无论我们的修养多高，外界的压力还是让我们疲惫不堪。

但是，一个契机，让我找到了职业幸福的方法。

那天，一个叫露的姑娘，在自己的语文作业本后面写

下了这样一段话：

　　老师，谢谢您把每道题都批改了，表现真不错，发三朵小红花，表扬一下。

　　然后，她在作业本后面用红色笔画了三朵小花。就是这三朵小红花让我特别激动，我从来没有被学生这样表扬过。我在办公室里大声宣告："同志们，把手头工作停一下，听我读段文字。"然后，我就把露写的那段文字大声读了一遍，语气里流露的满是幸福。办公室的同事也都会心地笑了。同事小朱突然笑着给我"补了一刀"："三朵假花，至于这么嘚瑟吗？"

　　亲爱的朋友，读到这里，请问做教师这么多年，您得到过几次类似的表扬？如果您真的得到了类似的表扬，您会不会像我一样特别兴奋？我相信您一定会的。我们的教育理论和教育研究，总是要教师如何敬业、如何关爱学生，以及强调关爱学生多么重要等；但是我们忽视了，教师不似太阳可以无限地投射光芒，教师是人，他也渴望得到心灵的慰藉和别人的认同，尤其是来自学生的点赞。如果我们能够在如何引导学生为教师点赞上做些研究，教师该有多幸福啊！如果学生、家长都积极为教师点赞，假设班上有30个学生，就会有90个人为教师送来幸福，那么这个世界上还有比教师更幸福的职业吗？没有！

约翰·杜威曾说："人类本质里最深远的驱策力就是希望具有重要性，希望被赞美。"美国心理学家威廉·詹姆士也说："人类本性上最深的企图之一是期望被赞美、钦佩、尊重。"心理学研究表明，爱听赞美是人们出于自尊的需要，是渴求上进，寻求理解、支持和鼓励的表现，是一种正常的心理需求。这种正常的心理需求，怎么能把教师排除在外呢？应该通过别人尤其是学生对教师的赞美来给予教师自尊、给予教师上进的力量，进而让教师感受到职业的幸福，这是让教师热爱教育并做好教育的重要途径。

为此，我们需要引导学生为教师点赞。

关键是，如何引导呢？

那天课间，我拿着露的作业本走上讲台："同学们安静一下，现在我给大家分享一段文字，是露写在语文作业本后面的。"然后我满怀喜悦地把露的文字又读了一遍——

老师，谢谢您把每道题都批改了，表现真不错，发三朵小红花，表扬一下。

读完之后，很多学生说"切，这有什么好高兴的""至于这么开心吗"，等等。我绷着脸，非常严肃地问："同学们，如果有一个人夸奖你，你会高兴吗？"当然，这是一个不需要回答的问题。"得到露的表扬后，我忍不住地喜悦，我就会非常喜欢露。如果咱们班每个人都表扬我，

73

我就会爱你们每一个人，我就会爱咱们这个班，我就会为了这个班鞠躬尽瘁。同学们，大家想想，如果我们的科任老师被咱们表扬了，他们会不会也和我一样高兴？他们会不会喜欢咱们班同学？他们会不会爱上咱们班？一定会的。一个老师越爱某个班级，他就会在这个班级上课发挥得好，就会为这个班级付出更多。这是一个人的正常心理。"

不是吗，各位朋友？咱们是不是喜欢哪个班，在哪个班上课就情绪高昂，就会讲课更精彩，甚至内容更丰富？这不是负责不负责的问题，而是情绪和情感自然表达的结果。

"同学们，如果咱们感觉某个老师某天的某一点值得你为他点赞，为什么不给老师点赞呢？因为，你的点赞，是对老师最大的认可，是给予老师的最好的幸福。老师幸福了，就会爱上你，爱上咱们班，所有的老师都爱咱们班，咱们班就一定能成为最好的班。"

道理一旦说通，学生们都会懂。但是如果引导失误，也会适得其反。所以，接下来我提了几点要求：

一是不要为写而写，要实事求是有感而发。（真诚的表扬才能感动人，为写而写就会失去真诚。）

二是不要人人都写，更不要为人人写，更不必天天写，只选择你认为值得写的人和需要写的时候再写。（写多了，就会泛滥，泛滥了就失去了意义。）

当时一个班有 36 个学生，除我这个班主任外还有 8 个科任教师。教师们获得点赞的概率还是相当高的。

真的，接下来就不断有老师向我"炫耀"学生们对他们点的赞了——

英语王老师拿来了好的作业本，上面写着："老师，真的感谢您，周四主科比较多，作业量就比较大，您总是在这天少布置甚至不布置作业。我们因有您这样善解人意的老师而骄傲。"

物理丁老师拿来了逸的作业本，上面写道："老师，您像个大学生，下课的时候总是喜欢'拖堂'。但您的拖堂不是啰唆地讲解，而是经常和我们玩推手的游戏。喜欢您这样的老师，不摆架子，总能和我们一起玩。当然，我很喜欢您的课哟！因为，我喜欢您这个人。"

化学刘老师是个性格有些拘谨的老师，那天早饭的时候，他还是忍不住和我分享了他的喜悦。他说："梅老师，你们班的学生真懂事，连批改作业，也能让我感到很舒心。昨天，斑在作业本上留了一句话说'老师，您的字好帅哟，如果我能写这样好看的字就好了'。呵呵，我从来就没见过还有学生在作业本上给老师留言的，你们班的学生开了先例。"

……

我们的科任教师会时不时到我的办公室分享他们的幸福。亲爱的朋友们，如果只是让教师感受到了来自学生的

幸福就算作是目的，这种幸福是不会延续太久的，因为学生的点赞也需要动力支持。学生的点赞给予教师动力，但学生也需要来自教师的动力，二者动力的良性互动，才是良性的发展。所以，我对科任教师们说："谢谢大家对咱们班的厚爱，咱们的这份喜悦只是在我面前表露作用不大，因为我也在感受着来自学生表扬的喜悦。如果我们把这份喜悦在学生面前表露出来，他们才会觉得自己为老师的点赞得到了回应、得到了认可。这种认可感是学生持续为我们点赞的动力所在，也是我们师生关系和谐的保障。"

正是因为我的科任教师们感受到了幸福，所以我们沟通起来很畅通。大家都不忘在教室里表露自己的幸福感。如此，师生之间就有了自然和和谐。

时下，有些学校或班级师生关系紧张，如果您不介意，可以试试让师生点赞。唯一要注意的是，要找到契机并且有节奏地推进。契机找不好或者节奏乱了，效果就会打折。

诚然，如果仅仅是和谐了师生关系，那不叫共育场的建立。接下来，我要构建和谐的家校关系。

班级记事是家校关系的重要手段。其实，我构建良好家校关系的起点是从学生开始的。记得有一天，我和班上的学生开玩笑说："都说我们做老师的有三大压力来源，大家猜想，这三大来源分别是什么？最大的压力来自谁？"对于压力来源，他们的答案是出奇的一致：学生、领导和家长。我就开玩笑地说："对付你们，简单的，我们都是从学生过来的，本就知道怎么和你们相处。领导是我们的专业领导者和背后的强大支撑，是缓解压力的。真正的也是最大的压力来源是家长——家长的一点不满意，就会让老师战战兢兢。"虽然是玩笑着说的，因为是高中的学生，他们还是懂的。

何况，有了一个月左右的师生互赞作为基础。

"各位，你说咱们的科任老师怎样？"

"都太棒了！"学生们异口同声。如果没有师生相互点赞做基础，就直接转向家校关系，还是有难度的。

"刚才咱们还说，教师最大的压力来源是家长，这点真的不错。我当班主任很多年，被不少家长施加过压力甚至举报过。就像咱们的科任教师都这么好，也无法满足所有家长的期待，总会有个别家长认为这不好那不足。最让人伤心的是，教师在前面尽心尽力地为学生付出，背后却总有个别家长不辨是非'开冷枪'，那才是真的伤了老师的心，这也是很多老师不想做教师的根本原因之一。当然，教师受伤了，还要提起精神去爱你、爱咱们的班级是有困难的。如果咱们的家长也懂得给老师们点赞，家校关系就会和谐，老师们也就能有稳固的大后方，从而放心地工作了。"

"老师，那我们该怎么办？"这几乎是所有学生的疑问。

"其实，也不用刻意为之，大家只要回家把你写在作业本后面表扬老师的文字说给你爸妈听就行。如果你没写，就把别人写的告诉给你爸妈。你回家说老师一个好，比我这个班主任说1000个好都有用。"

就这样，我们班学生就开始了回家讲老师"好事"的行动。这里也真诚地与朋友们分享：来自学生口中的表扬，才是家长最能感受到的美好，比班级记事的展示还要重要。

接下来发生的事情，相信您就能猜到了：家长不断给我打电话说，孩子回家说某某老师多好多好等。同样，我也如引导科任教师一样，引导家长们——只有对教师的美好行为点赞，才能够给予教师继续美好的力量。道理一说就通。接下来，我引导家长采取三种方式对教师点赞：

一是直接点赞。直接打电话给科任教师或者在群里联系科任教师，让教师们感受到家长的温度。

二是旁敲侧击。如果一直用直接的方式，科任教师会不好意思，家长可以采取在自己朋友圈自言自语的方式旁敲侧击地表扬老师。例如，成的妈妈在自己的朋友圈晒：

> 我也不知道上辈子积了什么德，我家那傻小子怎么就遇到了这么好的数学老师，不放弃这个"差生"，还专门为他制订了学习计划。

例如，文爸在朋友圈表扬我：

"雨大路滑，请各位路上小心，今天允许迟到。"
这是班主任梅老师5月7日5：50分发到家长群里的信息。那时，我们都还在睡觉，他已经起床准备上班了。看到这样的暴雨天气，他及时地发出了这样一条信息。天气不好，主动告诉学生"允许迟到"，这才是一心为学生的好班主任啊！

看似不经意，实则是家长们有心为之。有这样的家长，哪个科任教师不感到幸福呢？

三是弄点动静。弄点动静就是在特殊的时间点或者关键期，把表扬点赞的动作做得大点儿。我们班级学生的家长组织召开过感恩班会。在班会课上，每位科任教师都收到一个大大的玻璃瓶，里面满装的是家长和学生对老师爱的表达。家长在期中或期末给老师送锦旗，也在特殊的时候写过表扬信寄到校长室。这些行为都产生了不小的影响，极大地优化了家校关系，提升了科任教师的幸福指数。

当然，这个时候班主任要引导科任教师去为家长们点赞，因为家长也不是太阳，他们也需要持续的动力来为科任教师点赞。

师生点赞、家校点赞的形成，就基本上形成了家校共育的场。但是，如果脱离了亲子之间的点赞，还是难以形成理想的教育。我们都知道，家庭教育对学生的影响是极大的。下一步就是引导家长为学生点赞、学生为自己的父

母点赞了。一旦亲子之间相互点赞了，就满足了马兰教授所说的学生所需要的"归属感"和"影响力"，家庭因素造成的学生的心理问题等，就可以得到较好的解决。

真的，还有比师生、家校、亲子相互点赞形成的教育场更好的教育生态吗？各位不妨试试，很容易，却很美好。

不知不觉，天色暗了下来，晚饭的时间到了。因为三个家伙不断地岔开话题，使得让灵魂温润起来的方式才讲了一个。但也只好暂停话题，走向了吾乡禅悦宾馆对面的一家重庆火锅店。来重庆不吃火锅，肯定是非常遗憾的事。

第五节 美好延续美好的基本策略

甫一坐下,书呆子晟又打开了话匣子:"我发现刚才的'点赞'生态构建过程中,最关键的是'回应'。如果没有回应,就不会有那么多的美好。"

一直觉得,人最核心的素养应该是思维品质。一个优秀的思考者才能够不断发现问题,并将沿着问题走向新的境地。正如晟,看起来有些书呆子气,却是一个很会总结和思考的人。

"不错,很多时候,正因为不回应或是回应'不适当'才导致本来美好的东西无法延续美好。"

于是,我给三位朋友讲了四个小故事——

一

打球,把腿扭了。

只能"残疾"地走楼梯。

素不相识的男生，突然将身子蹲在我前面："老师，您腿受伤了？我背您！"不知该说什么，我紧紧拥抱了他一下："老师太重了，不用背。你是我见过的最让我感动的学生，谢谢你！"

其实，他比我瘦小多了，但他的心很强壮。

二

上课，嗓子有点痛。

下课，一个小男生跑进办公室，把一片润喉糖放在了我的办公桌上。

再上课时，他有些羞涩地把一盒润喉糖放在了讲桌上。当着全班同学的面，我拆开，含一粒在口中，将一盒还给他，双手合十："谢谢你，给我留着哟！"

之后每节课，他都会放上来。

每次，我都不动声色，拱拱手。

三

晚自习结束，学生们都拥在教室门口，却没有一个抢先出去。

我把"请"的姿势给了最靠近门口的一个男生，他拉开门："老师，您先请！"

我没有言语，对他伸出了一个大拇指，然后对全体同学用左右两手分别高竖起大拇指。

四

"老师，给您牛奶！"惠和"助理"把一瓶牛奶放在了我的办公桌上。

"哈哈，你俩，懂我，我喜欢。"说毕，我当着她俩的面喝下了半瓶。

同事羡慕地说："学生对你真好。"

我满是嘚瑟的语气："主要是我的学生好。"

第二天中午，她俩又放了一瓶牛奶在我桌上。无以回报，我就顺便打开电脑："你们帮我参谋一下，周末作业我们用这个内容好不？……"

"我从你的朋友圈看到过这几个小故事。"涵是个细心的姑娘。

是的，以上文字我在朋友圈晒过，看到的留言是：好幸福，羡慕你有这么多可爱的学生；晒幸福，是要虐我们这些可怜"狗"吗；只要老师做好学生的榜样，学生就能好起来……

无法引述更多，看到这些留言我是有些苦笑的。所谓苦笑，就是笑不出来的笑，就是五味杂陈却一味也说不出的笑。我写下这四个片段的目的根本不是晒幸福，而是想让大家关注这份幸福是学生给我的。是的，是学生给的，我并没有展示"幸福"之前做了什么。如果说后三个故事中的学生是我所带班级里的而与我有关的话，第一个故事

中的根本就是我不认识的学生。面对学生给予的幸福，我展示的是我的一点点做法。

如您所看到，我给了素不相识的男生一个拥抱，给了给我润喉糖的学生以双手合十、拱手的动作和当面含一粒作为回应，我给了礼让的学生们大大的拇指，我给了惠和"助理"当面喝牛奶的动作和商议作业的回应……

想从第四个片段说起。朋友们有没有注意到学生们"又"送牛奶过来？是的，"又"。学生们为什么会"又"呢？仅仅因为她们喜欢这个老师吗？或许没那么简单。第一次送牛奶的时候，我当着她们的面喝掉了半瓶。看似微小甚至不羁的动作，其实表达的是对学生们最好的感谢。任何一个人都需要来自他人的认同感，别人的赏识无论是有声的还是无声的，都是对自己价值的认同。价值认同带来的幸福感，是人进一步做某事的动力所在。那天，我拿身边比较有价值的两本书，给了两个学生："我也把自己的'牛奶'送给你们，很'好喝'的。"她们很愉快地离开了。第二次两个学生送牛奶过来，我不知道怎么感谢她们，就把她俩拉倒我的办公桌前，打开电脑里的备课文件夹问她们说："你们帮我参谋一下，周末作业我们用这个内容好不？"这个时候，她们成了我的参谋，她们成了比别人早知道周末作业的人，她们的自我价值感油然而生。

育人，很大一块工作就是让每个学生都能感受到自己在别人心中有价值。因为老师的"喝牛奶"就有了后续的"送牛奶"，那么，第一个片段里的男孩会不会因那一个拥抱而生出幸福感促使他做一个更好的人，第二个片段里的男生会不会也为其他老师或同学做贴心的事情，第三个片段里班级的学生会不会因此而让礼让成为修养？我无法给出特别肯定的答案，我更不愿意说"从此他们就……"这样不科学的话。但我知道，当时他们一定是幸福的，因为自我价值得到了认同；他们一定会在已有的基础上变得好些，哪怕是一点点。

这份美好，尤其是这份美好的延续，来自教师适当的回应。

是的,适当。在我狭隘的视野里,适当,就是适时而恰当。例如，牛奶我当面喝，叫适时；伸出大拇指为学生点赞，就是恰当。如果，没有上述的那些回应或者只是简单的一句"谢谢"，后续，还会那么美好吗？没有回应或者简单的"谢谢"会在学生心中引起怎样的反应？

如果将心比心，您会知道那将是没有反应（因为"谢谢"很多时候不带情感）或者没有后续的"升华"。

您"适当"地回应您的学生了吗？如果学生"投我以桃"，您却笑纳而不"报之以李"，还会有学生为您"投桃"吗？

教育的现实是，当学生向我们展示种种美好时，很多老师选择的是"师"者为上地点头，或者是简单的"谢谢"，

甚至是自然而然地"笑纳"。因为潜意识当中，学生是"应该"，而自己的"笑纳"也是理所当然的。

再回到上述四个片段，并非因为教师做了什么学生们才给予美好，而是学生们给了美好之后，教师做了适当的回应而已。学生们的"给"是前提，这个前提是来自学生对老师自然而然的尊敬。因为我相信，每一个学生内心深处都懂得尊敬老师。学生的美好，是本性所带。

有时我就幻想：如果一个学校所有的老师都能发现学生的美好，那么这个学校该有多少美好啊；如果一个学校所有的老师都"适当"地回应，那么这个学校的学生成为美好的内驱力该有多强烈啊；如果每个学校、每个学生都因被"适当"回应而变得美好，教育的世界又该是多么美好；如果全社会的成人都能发现美好，"适当"回应美好，这个社会又该是多么美好！或许因为如此吧，苏霍姆林斯基在他的《要相信孩子》里谆谆教导我们："从儿童进学校的第一天起，就要善于看到并不断巩固和发展他们身上所有好的东西。"

可是，我们听从教导了吗？您"看到"学生身上的好东西了吗？您"不断巩固和发展"学生身上的美好了吗？

教师，咱该做的那点儿事是什么？每个人都是"孤岛"的一部分，只有每个人都承担起责任，"孤岛"才不会消失。如果我们"看到"了学生们身上"所有好的东西"，并"适当"地回应,"不断巩固和发展他们身上所有好的东西",我们的学生怎么会不美好? 如果所有的老师都这么做了,整个氛围不就好了吗? 如果学生一直沐浴在一个美好的世界里,会怎样? 苏霍姆林斯基做了回答,他说:"教育儿童通过周围世界的美、人的关系的美而看到精神高尚、善良和诚实,并在此基础上在自己身上确立美的品质。"

美国心理学家华生认为,环境改变得越彻底,人的改变效果就越好。如此,我们何不行动起来,用"适当"回应学生的美好,促使新的美好不断产生,以构建整个教育的美好?

"看来,我得好好研究如何回应美好了。"涵接话的时候,火锅菜品都上齐了。于是,我们就都走向了调料台,为享受美食做准备。

第六节 共读让内心开出温暖的花

出了重庆火锅店，已是人声鼎沸的时刻了。

重庆有个说法，上午是重庆的夜。晚上 11 点过后的重庆，据说最热闹。当然，热闹是他们的，我却无福享受了。

第二天一早，我就赶往了成都洛带小镇，赴一场早已定好的约。那天的洛带小镇，微雨。潮湿的石板街上冷冷清清，只有卖油葫芦和芜蒿饼的摊主早早地等候着他们的客人。

上午和朋友们交流的主题是"班级共读，让内生长成为可能"，主要内容就是谈如何通过班级共读来达成对学生温润灵魂的构建。

我从"晨诵""午读""暮说"三个层面向朋友们做了介绍。

首先是晨诵。我班的早读分为两个部分，一部分是固定晨诵，一部分是学科早读。诚然，固定晨诵就是为构建学生温润灵魂服务的。基本要求有三：

一要读美文。所读文章必须是温暖美好的文章。因为只有温暖美好的文章传递的美好才能影响学生的心灵。况且，这个阶段的带班目标就是构建学生温润的灵魂，让每个学生都具有美好的人性。教育行为要为教育目标服务。

例如，某天晨读，我们朗读李尚龙老师的《去温暖一个陌生人》。因为后续还需要对此文进行使用性的处理，请允许我把全文引用在此。

去温暖一个陌生人

今天，想分享三个故事。

一

当老师第一年，我几乎每天都上十个小时课。那段时间是考研高峰期，学生折腾，老师也疯狂，学生能早上五点起来吹着冷风占座，老师就能早上六点蓬头垢面上课。

我很容易被人影响，身边都是正能量的疯子，我自然也就拼了命。那时每天上十个小时，不修边幅、不刮胡子，连一日三餐都不能保证。不是没时间吃，而是不想吃，毕竟适当的饥饿能保持大脑供血充足，课堂效率更高。偶尔趁课间喝一杯咖啡、吃一颗巧克力，一天基本上就够了。

那个时候，人很麻木，不管自己的生活质量，只知道把课上好，不能耽误学生们的考研计划，更要对得起他们的学费。一个班结束，另一个班接上；一个学生离开，另一个学生愁眉苦脸走进来。

那天晚上，因为连续奋战加上没有吃午饭，我已经累到极限，完全靠着精神去撑着。下一节课，是小郭的一对一课。小郭笑嘻嘻地走进教室，好像藏着什么。她慢慢地拿出一个盒子，盒子里面装着她自己炖的牛肉。她告诉我："龙哥，别太拼了，尝尝。"

那一刻，我眼泪都快飘出来了。

人最怕的，不是亲人关心你，而是陌生人，因为人潜意识会认为陌生人不会对你好，可当陌生人忽然拿着一支蜡烛走进心里时，心就被瞬间点燃。

我抑制住感动，淡淡地说了句"谢谢"，边上课边吃完了牛肉。

之后，每次两个小时小郭的课，我都会上超过两个小时，把题一道一道讲给她听。她记笔记很认真。她问我："干吗总是拖堂？"而我说："把我吃你大餐的时间减去啊。"

她笑得很温暖，说："老师你好暖啊。"

我说："是你先暖我的啊。"

后来我明白，人心是肉长的，没人是铁打的，谁都一样。当被陌生人莫名其妙地温暖后，总会用同等温度或者是更高的温度去温暖对方。

其实我吃饭也就两分钟，但多上的时间往往超过半小时。

后来的日子，我经常会鼓励她继续努力。考完研后，我们成了很好的朋友。

第二年，小郭高分考上她理想中的学校，她请我吃大排档。我们已经很熟，我就开玩笑道："你当时怎么想到要给我炖牛肉的？是不是故意想感动哥，让哥每节课给你多讲点？"

小郭笑了笑，说："没有，龙哥，我只是觉得，你虽然是个老师，但也需要温暖；我只是觉得，你那么好的人，值得这世界的温暖。"

我嘴巴上说："原来你是可怜我啊。"

可说完，就被感动了，喝完了杯中的酒。

那天喝了很多，说是为她庆功，心里却是满满感激。

忽然明白，大城市的灯光，时常会拉远彼此的距离；都市的繁华，也总会让人和人逐渐冷漠；社交软件的出现方便了交流，却增加了交流成本，拉远了心和心。

我们总抱怨人冷漠，其实，温暖可以从每个人做起。

一个不经意的微笑，一个下意识的伸手，一段温暖的对白，就能照亮彼此的心。

二

"我在这个城市漫无目的地走着，丢掉了最初的心。我忙碌，为了赚钱，为了出名，为了成为人中龙凤，却忘了为什么而活。"

这句话，是我在一本书上看到的，是很多人的座右铭。

霓虹灯下，许多人像行尸走肉一样，追着钱，追着名，忘记了最初的理想。

那天，姐从美国回来，我在机场接她。出站口，每个人大包小包，熙熙攘攘，焦急地看着出站口处等候者招手，寻觅着多年没见的亲人朋友。

我很快接上姐，接过她的行李，寒暄两句，就兴冲冲地走向停车场。

前面是一对母子，妈妈拖着一个箱子，背着个包，还拿着一个袋子；孩子两岁，母亲没有手牵她，于是她只能慢慢地走着。

忽然，孩子摔倒了，孩子拿着的东西撒了一地。她在人群中哭着，声音很大，但路人只是看一眼，却没人上前、没人关心。

母亲手上满满的行李，看着倒下的孩子，不知所措，只能任凭孩子大哭大闹。

我们离她不远，刚准备散开，我忽然被姐拉了一下。

她冲上去，扶起小孩子。她做着鬼脸，逗孩子开心，孩子很快停止了哭泣。

我看姐过去，也走过去跟那位母亲聊天，帮她拿个包，缓解一下她的情绪。我们送她们到了停车场，母亲笑得很开心，说："感谢你们，留个电话吧。"

他们走后，我问姐："为什么要去扶她？"

姐好奇地看着我，说："不为什么啊，不应该吗？"

是啊，不应该吗？

从什么时候开始，我们都觉得帮助别人竟然成了一件奢侈奇怪的事情。

几个月后，我拿着一个剧本去一家视频网站送审。负责人看完后，没有让我改，直接说："我们会买这个剧本，以一个不错的价格。"

我很惊讶，因为不符合常规。我去过很多出品制片单位，他们都会不停地要求改，满意后跟我讨价还价，再给我一部分收入，拍到最后再结算全部。可这次还没看，怎么就……

接着，他说："我们市场部经理要见您。"

我好奇地走进市场部经理的办公室，里面坐着一个女人，三十多岁，她笑着说："尚龙，好久没见。在机场，谢谢你和你姐姐。"

你以为是段子，其实不是。

人生中很多巧合，会让善良延续，也会让仇恨延伸。你播种的什么因，就会带来什么果；你是什么样的人，就会吸引着什么样的结局。

那你可能会问，如果她最后没帮你，你帮她会不会后悔？

当然不会，至少，我的出手，让世界变得美好了一些。

也是从那时候开始，我学会了不计代价地去帮助别人，哪怕是陌生人，哪怕我不认识他。

去做一个温暖的传递者，本身就很幸福。

三

我有一个习惯，只要是快递或者送餐的快递员敲门，我都会让他们进家等，有时候写单子时还经常给他们倒一杯水。久而久之，他们来我家的时候，脸上都会露出笑容而不是焦急和不耐烦的神情。

有一次，一个主播让我帮忙寄三本自己的新书给她，我打电话给快递小哥，请他到我家取货。

我们互相不认识，于是没多说话，我只是把书先交给了他。

我填写单子很慢，小哥在一边竟拿起书看了起来。当我填完单子交给他时，他还在看，甚至忘记找我收费。

直到走出去很久，他才回来问我："哥，你这个是先付还是到付啊？"

我笑着说："你是不是很喜欢这本书？"

他傻笑，说："写得挺好。我就看看，放心，绝对不耽误送东西，嘿嘿。"

我拿起桌子边上的一本，说："送你一本吧，慢慢看。"

小哥赶紧说："那怎么好意思，天哪。谢谢，太谢谢了。"

小哥对完单子上的电话号码，看到寄件人那栏忽然尖叫了起来："你竟然是这本书的作者！"

这一叫，把我叫得挺不好意思。他一个劲地说"谢谢"，我一个劲说"不用"，场面很滑稽，也很温馨。

我看着他蹦蹦跳跳地离开，笑容挂在脸上，忽然觉得今天很开心。

晚上，他加了我的微信。我通过后，看到他朋友圈里写着："本来明天要辞职回家，谢谢陌生人在这个冷冷的城市给我带来的温暖。"这段话下面，配着我的那本书。

深夜，我泪流满面。

你知道吗，城市的某个角落里住着一个人，可能和你一点关系都没有，但只要你冲着他微笑一下、冲他点个头，或许，你们就不再是陌生人，而是温暖彼此的人。

心能驱走寒冷，微笑能传递温暖，而我们，都能传递爱。

每天学生到教室的第一件事情，就是读这类温暖而美好的文章。

二要读出现场。好的朗读不是读，而是说，像和老朋友谈话一样。这样，语气语调和节奏才能把控到位，才能

还原故事的彼时彼地的场景，也才能让学生真正进入文章中去，才能让学生的感受更深刻。

那天，在洛带小镇的酒店会议室里，我的朗读还是感动了不少人的。这就是文字的力量。文字，是让人内心生长的重要媒介；温暖美好的文字，是让人灵魂深处生长温暖美好的重要媒介。

三要读出理解。好的作品一定是读后余味无穷，好的朗读者是要懂得品味这种余味的。品味出的东西，就是自己的理解。

其次是午读。午读不是留出时间让大家自由读，我们的午读是止语共读。具体要求如下：

一是止语静读。和晨读不同的是，午读是安静的默读。

二是相互伴读。午读的时间是固定的，这个时间内不允许做作业或者做其他事情。全班同学在一起读书，相互陪伴。一个人阅读很难沉静，一群人阅读就会形成场力，就会促成良性阅读。

三是大美阅读。晨读读的是温暖美好的文章，而午读读的是传递温暖美好的某本专著。例如，我们共同阅读曹文轩的《草房子》《青铜葵花》，胡塞尼的《追风筝的人》，等等。

最后是暮说。暮说，就是抽出晚自习的固定时间，让学生进行演讲。诚然，如果班主任告诉学生，每天要给大家讲一个温暖美好的故事，时间久了会在学生的心目中产生"任务"情绪，不利于事情的持续发展。为了规避不足，确保美好传递的可持续发展，我们把目的隐藏在活动背后。我告诉学生我们要学习演讲艺术，因为一个成功人士往往是一个优秀的演讲者，演讲将是未来社会的必备技能之一。当然，学生们兴致就高了很多。

关于暮说，我们也有三个要求：

一是严格按照演讲的时间把握内容长度。时间控制在5~8分钟。

二是演练演讲的基本形法：眼神、步伐、手势、身法等。演讲时不能随意，必须按照基本形法来做。

三是注意演讲的意法。例如演讲稿内容的剪裁、演讲内容的呈现顺序、演讲的幽默植入、自创警句的出现、演讲的互动、演讲的现场感、演讲的共情设置，等等。

这里需要说明的是，第二点和第三点要求才是重点。每个阶段的演讲训练一个能力点，同学们感受的是在学习演讲；每次教授一种演讲意法要素，就会提高演讲的感染力和接受效果。

例如，关于前文李尚龙老师的文章，同学们在演讲的时候就对原始素材进行了处理。展示在此——

给别人温暖，不必问为什么

（梅评：换了个标题，让中心思想更加明确，在演讲中更能抓住听众。）

那个深夜，朋友圈的一段文字，竟然让我泪流满面：

（梅评："泪流满面"先声夺人。）

"本来明天要辞职回家，谢谢陌生人在这个冷冷的城市给我带来的温暖。"

这段话下面，配着我的一本书。（梅评：没有按照原文的故事呈现顺序来讲，而是打破了顺序，因为这个故事的朋友圈里的话更能触动人。）

那天，我要给朋友寄一本书，就约了快递员到家里取货。

没想到，一个快递员竟然喜欢上了那本书。我就又拿了一本送给了他。他从寄件人信息栏发现书的作者就是我时，显得十分激动："大哥，谢谢您对我这么好，我能加您的微信吗？"（梅评：对原故事进行了加工处理，加入了对话，增强了现场感。）

于是，那个深夜我就看到了他朋友圈里的文字。只是，我真的没有想到，一个小小的举动，对他竟然如此重要。

亲爱的朋友，如果您曾处于困境，在困境中得到过别人给您的温暖，您就一定能理解我的泪流满面。（梅评：

用假设句,试图唤起听众的共情。)

那是当老师的第一年,每天上十个小时的班,不修边幅、不刮胡子,连一日三餐都不能保证,只能偶尔趁课间喝一杯咖啡、吃一颗巧克力来充饥提神。(梅评:对原文进行了处理,突出了"疲惫"二字。)一天晚上,我因为连续奋战加上没有吃午饭,已经累到极限,可是我还有一节课——小郭的一对一课。(梅评:"可是"用得好,有雪上加霜的效果。)您能想到的焦躁、痛苦、不安、烦闷,我在那个时刻都有。(梅评:唤起共情。)人生最大的痛苦就是你发现了自己处于痛苦的深渊,无处可逃,却还要假装自然。(梅评:植入自创格言,提升了演讲的品位。)看到我,小郭没有说话,慢慢地拿出一个盒子,对我说:"龙哥,别太拼了,尝尝。"(梅评:增加了细节描写,增强了现场感和感染力。)盒子里面装着她自己炖的牛肉,那一刻,我眼泪都快飙出来了。

在自己的学生面前,原来我也是个弱者。(梅评:看似自言自语,其实用意很深,为"每个人都需要温暖"做铺垫。)

姐从美国回来的那天,我在机场接她。前面走着一对母女:妈妈右手拖着箱子,左手拿着一个袋子,背上还背着个包。(梅评:这里的文字处理特别棒,右手、左手、背都不空,增强了感染力。)妈妈再也没有多余的手牵她两岁的孩子了。就在这时，孩子忽然摔倒了，东西撒了一地。哇——（梅评：一个"哇"字，有了现场感。）她在人群中大哭起来。此刻，妈妈看着倒下的孩子，不知所措，只能任凭孩子大哭大闹。

而路人只是看一眼，就走开了。（梅评：把妈妈的尴尬和孩子的哭置于无解的地步，而路人冷漠地走开，更有情感的穿透力。）

此刻，我姐，冲上去扶起孩子："宝贝，你好啊。"然后，她像孩子一样做着鬼脸……孩子竟然被姐姐逗得"咯咯""咯咯"地笑了起来。

他们走后，我问姐："姐，你为什么要去扶她？"

姐用很惊讶的眼神看着我，说："不应该吗？"

我一下子就语塞了：是啊，不应该吗？（梅评：演讲里最有穿透力的句子用反问句增强表达效果。）

后来，我问小郭当初怎么想到要给我炖牛肉吃，小郭笑了笑，说："没有，龙哥，我只是觉得你虽是个老师，但也需要温暖。"（梅评：把一个故事，切开为两部分，此时再接上前面的，既让故事变得完整，又突出了"需要温暖"的问题。）

我们这个社会，谁都需要温暖，包括送快递的兄弟。（梅评：这句话，串联起三个故事，集中突出了"谁都需要温暖"，是妙笔之句。）

那么,给予别人温暖,就不必问为什么,本就应该!
(梅评:掷地有声,振聋发聩。)

总评:这是一篇由原文修改成演讲稿的例文,既巧妙地对原文三个故事进行了切割与组合,又突出了要表达的主题思想。共情、曲折推进等演讲技巧结合运用,紧紧抓住了听众的心。让学生处理演讲稿,其实是在培养学生的写作能力,也能让学生们更深刻地理解演讲原文的内涵。

四是演讲的内容必须是晨诵或午读或班级记事的相关内容。从刚才的演讲稿处理,朋友们应该可以看得出来。

此刻,朋友们可以做一个冥想:晨诵的是美好温暖的文章,午读的是美好温暖的大书,暮说传递的更是美好温暖,一天下来,每个人都沐浴在美好和温暖之中。在这样的氛围里,谁的灵魂不会因之美好而温暖呢?

何况,还有我们的班级记事。

很多朋友说,带班很难。各位试想,做做班级记事和阅读,真的很难吗?班级记事侧重于外在形象的影响,而班级阅读侧重内在灵魂的生长,将二者结合带班,简约!遗憾的是,很多朋友不知道围绕一个既定的目标去营造这种氛围,自然困难重重。

第七节 科学班会小平台营造大温暖

上午 11：00，我的主题交流结束了。

没有离开，而是在朋友弘的带领下来到了洛带小镇旁边的博客小镇。与洛带小镇一路之隔的博客小镇，显得有些落寞，"恨芳菲世界，游人未赏，都付与、莺和燕"。这里，没有莺，也没有燕，有的只是弘和我，还有"几点催花雨"。

弘是专门从他乡到洛带听我课的。远道而来的他有着颇深的见识。午饭一结束，他就拉我到了博客小镇。他一定知道这里是安静的，否则不会来到这里；他一定也是有着自己想法的，否则不会迫不及待地拉我到此。

"你的讲座里提到了班级记事和班级共读，这的确可以营造一种美好而温暖的教育情境，让每个学生都在这样的环境里得到濡染，但我总觉得你缺少了'温暖而美好的班会'，因为你说过，班会课是教育学生最为重要的舞台。

这个舞台你肯定不会丢的。"刚刚踏入博客小镇,本想借点落花残蕊也伤春一番,或者一如俞樾也"花落春仍在"般高昂一下,却被弘给打断了。

"时间关系,我确实没有讲温暖美好的班会课。其实,我更愿意在前面再加上一个定语'科学'。温暖美好和班级记事、班级共读一样,都是围绕着统一的教育目标,但科学却是温暖美好教育目标成为现实的基础。"

"班会课还有不科学的?"

"如果你仔细分析,你会发现从小学一年级、二年级一直到初中,甚至到高三,班会课的主要内容都是集中在遵守纪律、好好学习、团结友爱、尊敬师长等几个点上。如果一次班会课是有效的,那么还会出现这类主题反复出现的情况吗?"

"当然不会,但是学生的心理具有反复性啊,所以需要反复教育。"弘和很多朋友的认识是一样的。只是我们很少去追问,学生的心理为什么会反复呢,这就涉及一些心理学知识。

我知道,抽象的知识不一定被人理解,于是就给弘讲了发生在遵义的一个真实故事。在那次学术会议上,我向老师们提了一个问题:"诸位知道为什么上海男人对女人特别温柔,而北方男人相对有些大男子主义吗?"

"因为一方水土养一方人",这几乎是所有人的答案。

然后，我就追问："我今年正好 40 岁，黄河水养育了我 20 年，长江水也养育了我 20 年，您说我是怎样的人呢？"当时一个男教师的回答，引起了哄堂大笑："你是个不男不女的人。"

我只好把话题转移回来："其实，这个问题与一个人的性格、气质、行为习惯、思维方式等相关。"我知道我是典型的北方人性格，有些大男子主义。为什么 20 年北方、20 年江南，性格还是北方人呢？因为我小时候生活在北方，而决定一个人性格、气质、行为习惯、思维方式的往往是小时候的生长环境。研究表明，人在 7 岁之前的生活环境，是形成人的内在心理结构的关键环境。人的内在心理结构会在 7 岁之前基本形成，而内在心理结构一旦形成，就会具备两个特征——

一是具有超强的稳定性。这就是我在南方生活了 20 年仍然是个北方人的原因。

二是具有较强的反调节能力。具有超强的稳定性不意味着不可以改变。例如，我们给学生做思想工作的时候，通过教师苦口婆心地教育，学生是可以被说服的。学生可以被感动，可以下定决心不再犯错，可以写下保证书。但是，老师们会发现，过不了多久这些学生还会犯同样的错误，因为学生们改变的是心理表层，而不是内在心理结构。因为人的内在心理结构具有较强的反调节能力，一次谈话或其他形式的教育，造成的只是心理表层的暂时性调节，并非内在心理结构的改变。这种心理表层的暂时性调节会被内在心理结构的反调节能力所消解。

"那你的意思是说人的内在心理结构是无法改变的了？"弘的疑问，一定也是您的疑问。

"当然不是。正如拉橡皮筋，如果我们持续不断地拉它，就可以改变它的形状，使它不会反弹回去。"行为心理学研究表明，连续 21 天重复同一种行为能形成习惯，连续 90 天重复同一种行为能形成一种稳定的习惯。稳定的习惯形成，就是彻底改变了内在心理结构。

反观时下的班会课，有哪个连续两周是同一个主题，遑论是 21 天和 90 天了。这就是班会课不科学的表现。科学的班会课一定是围绕同一个主题延续 90 天左右的，否则就很难取得真正的教育效果。（不要把学生心理表层的暂时性调节表现出来的东西当作教育的成果。）

当然，时下某些班会课不科学也有几个原因：

一是没有科学班会的理念。这是根本原因。

二是各种事务冲淡了班会。计划好的班会课，总是被非计划的临时性事务冲淡。

三是带班总是迎合节日、时事等，没有主动的带班意识。

"快点告诉我，你的科学、温暖、美好的班会课是怎么开的？"弘不愿意听我分析人家的不足，只想听我是怎么做的。我知道他是个急性子的人，否则也不会不午休就拉我到博客小镇。

博客小镇的溪水很清，一眼可以望见水底的游鱼。虽年届不惑，我们还是愿意有一颗年少的心。我和弘一下子跳上小溪中心的大石头，在那里开始了我们的"石上谈"。

"我的班会课一学期一个主题，上学期为了打造温暖美好的教育生态，让每个学生都有一颗温润的心，我的班会课主题是'让彼此成为生命中的贵人'。"

"一学期就一个主题？"弘忍不住发问，"这不科学，何况一个学期来来回回就一个主题，学生们早厌烦了。"

"一学期就一个主题才叫科学，怎么能说不科学呢？你忘了我们刚才谈话的内容了吗？即使一个学期就一个主题，我们的学生也不会厌烦。"弘没有说话，只是脱掉了鞋子，把脚伸进了清澈的溪水中。我也就开始了我的讲述。

"我会在学期初告诉学生们，这个学期我们的班会课主题是'让彼此成为生命中的贵人'。然后，我请每个小组提前一周给我班会课方案，哪个小组的方案好，我就采用哪个小组的方案。"

"那，如果某个小组不在乎，不做方案怎么办？"弘的这个问题的确很现实。任何事情，总是有些不愿意做的人。但这些问题是我想到的，自然也就有我的解决办法。

"哪个小组的方案好，我就发给哪个小组一张荣誉证书。"用评价来产生动力，也是我常用的方式。

"要是学生不在乎荣誉证书怎么办？"这个问题也很现实，用奖状和荣誉证书不能调动学生积极性的情况不是少数。

"我们班学生会在乎的。"我故意停顿了一下，"有两个原因，其中一个原因是荣誉证书上有我们班的公章和我个人的私章。我告诉学生，你们天天向上，我也好好学习，说不定哪天我出名了，又英年早逝，你们是可以拿着证书卖钱的。"

"哈哈，你真逗，这种玩笑都和学生开。"弘忍不住笑了，但我当时确实是和学生这么说的。

"那第二个原因是什么？"

"第二个原因涉及系统的教育评价问题。美国教育心理学家斯莱文说'奖励结构是合作学习赖以提高学业成绩的最为关键的因素'，我想说，教育评价也是促进班级发展的最为核心的因素之一。（这个问题请允许我暂时不说，关于教育评价的章节，对这个问题会有详尽的解说。）总之，我的学生是非常在乎这张证书的，所以我的班会课方案，每次都是六选一的（我们班分六个小组）。六选一的方案肯定不会太差，何况，由于学生特别在乎证书，小组内部可能也是六选一。这样，就使得实际用于召开班会课的方案是三十六（我们全班学生）选一的精品班会方案。"

我继续我的讲述了——

我们的班会课有几个固定项目，无论班会方案怎么创新，这几个项目是必须要包含的。

一是每次班会课，每个小组都要推选出一个"感动班级人物"候选人。目的是以形象影响形象，用美好塑造美好，通过候选人的事迹来影响班级更多的人。

二是候选人事迹必须记述出来。记述人不能是候选人，不能用候选人的自述取代他人的观察和记录。记述事迹文章要求800字左右（高考作文的长度），要有具体事件和细节描写。目的是方便于第三个固定项目——事迹演讲。

三是事迹演讲，要求推选出第三人作为演讲者，把候选人的感人事迹演讲出来。演讲稿必须是记述候选人事迹的文稿，但演讲人不能是写作人，且每次班会课评选时演讲者不能是同一个人。小组所推荐的候选人能不能当选只有一个评价标准，就是演讲的效果。

沉默了很久的弘忍不住发话了："我有几点疑问，想听你给我解释一下。第一个疑问是，'感动班级人物'评选不是个新鲜的东西，你为什么要选择这样一个活动作为贯穿一个学期的主要活动。第二个疑问是，要小组成员把候选人的事迹记述出来仅仅是为了演讲吗，为什么演讲者不能是记述的人且不能是同一个人。第三个疑问是我最不能理解的，为什么当选的标准是演讲者的演讲效果，这太不公平了，当选不当选应该看的是候选人的事迹。"

说实话，如果不是弘发问，很多朋友就只看到我是如何开班会的，而不会去思考背后的目的。细心的朋友总有不少疑问，而疑问恰恰是推动前进的动力。我没有直接问答，而是反问了弘一个问题："一个学期你举行过一次'感动班级人物'评选吗？如果做过，那么一个学期你举行过两次吗？三次呢？"

"最多一个学期做一次，两次、三次肯定没做过。"弘的回答是代表大多数的。我在很多地方做交流的时候，当我讲到围绕"让彼此成为生命中的贵人"这一主题做的主要活动是"感动班级人物"评选的时候，很多朋友是不屑的："没啥新鲜东西！"这也是这几年我主张简约做班级工作的原因。

记得在山东的一所学校，一个校长问我："你最佩服的活着的人是谁？"我当时脱口而出："李镇西！"

"为什么？"

"只因为李老师说过，教育是朴素的。"

是的，对班主任工作研究得越久就越会发现，教育是朴素的。它根本用不着时时创新，做不好只是因为我们没有把现有的很多东西做到位而已。例如"感动班级人物"评选，你做一次，那叫活动，做两次，它依然叫活动。因为那无非是把人的心理表层做了一两次拉伸而已，并不能

更深刻地影响人的内在心理结构。不能深刻地影响人的内在心理结构的活动，就算不上真正的教育。而我每周的班会课主题都是"让彼此成为生命中的贵人"，而且主要活动载体都是"感动班级人物"评选，一个学期 12 ~ 15 周，我召开 12 ~ 15 次班会课，就是持续不断地在影响人的心理结构，就可能达成真正地影响人、塑造人的教育目的。做一次两次叫活动，而连续地做、成系列地做就叫课程。

"你一个星期才做一次，那内在心理的内在反调节能力是会使每周的班会效果降低的啊？"弘的发问总是高质量的。

是的，如果一周做一次，效果并非最好。亲爱的读者朋友，咱们不能忘记的还有两件大事：班级记事和班级共读。这两个日常活动，就是连接这次班会和那次班会的桥梁，有这两个活动就能确保班会的效果。其实，班会无非是阶段性的班级美好与温暖的小总结而已。

"哈哈，我终于明白你为什么上午在会议室交流的时候没讲班会课了，因为只有班会课而没有班级记事和班级共读做连接的话，效果会打折。而没有班会课，班级记事和班级共读依然可以发挥作用。如果时间允许，讲班会课就是锦上添花了。"

"是的，它们是一个整体。"

接着，我又给弘剖析了一下这么做的目的。首先，让学生设计班会课方案，是为了培养学生的创造力和小组内部的凝聚力。同一个主题活动设计，后一次肯定不能重复前一次，这就需要进行局部的创新。大家知道，越往后创新的难度就越高，学生们的思维品质和创新能力得到锻炼的程度就越高。为确保班主任选中他们的方案，学生们一定会在设计方案过程中精诚团结，这样长期坚持下来，小组内部的凝聚力就会增强。

之所以选中"感动班级人物"评选这一主题活动，主要是让学生发现身边的美。生活中，美是客观存在的，只是缺少发现的眼睛。一个小组六个人，每个人都尝试着发现美，自然就会带动每个人都成为美的创造者。一边发现，一边创造，就形成了美的良性循环，也就是在创造美好的教育生态了。时下教育困境形成的原因之一就是，很多学生活在自己的世界里，看不到别人的好。如果我们通过"发现身边的美"活动，让学生懂得欣赏他人，就是在培养真正的人了。把几个候选人的事迹放在同一个平台上展示，可以让全班同学发现真正的"大美"，从而在更高水平上促进班级美好与温暖的氛围形成，让每个学生的灵魂都变得更加温润起来。

让小组成员把候选人的事迹记述出来，是引导学生们用更加细微的心去感受别人的美。当然，同时也培养学生的写作能力，真正有生活的文章才是最有温度的文章。何况，写作的稿子是必须要用作演讲稿的，这个要求看似不合理，其实是为了让小组成员更好地打磨文章，打磨的过程就是能力不断提升的过程。因为稿子要被用作演讲稿，所以，虽然我们要求的是一个人写作，但是事实上肯定不会是一个人写。当一个小组的所有学生都在用心打磨演讲稿的时候，这个班级的语文老师还需要花很大精力在作文课上吗？

弘最不理解的是评选标准的公平性问题。其实，这是相对公平的。原因有两个。第一个是每次的演讲者不能是同一个人，也就是说，即使某个小组的某个成员因为演讲水平高而当选，他下次也不能当选了。第二个是主要原因，那就是，决定一个演讲好坏的最大因素不是演讲者，而是演讲稿。写一个好的演讲稿，会在材料选择、演讲顺序、共情和幽默的植入、自创警句和听众互动的设置等诸多项目上下足功夫。而这些成分自然和候选人的事迹有关，更与一个小组团结一心打磨演讲稿有关。演讲者其实只是一个执行者而已。所以，这样您就会明白了，这个评选其实很公平。

在我一番长篇大论之后，弘给了我一个点赞的手势："我懂你了。更多人之所以只做一次两次，是把评选出人物作为目的，而你是把育人放在了突出位置，且把更加综合性地育人当作了目的。"

对于朋友的表扬，我总是假装无所谓，却暗中窃喜。

我把目光投向远方，那里绿树葱茏，一架仿古的老水车唱着古老的歌谣在不停地翻转。

"其实，我还是有一丝担心：这样做一个学期，学生真的不会厌烦吗？除了每期方案的不同能吸引学生之外，你还有什么配套的方法吗？"我和弘交往该有 4 年了，他是某个学校的教科室主任，因为在某个场合相遇，我们就成了朋友。每次我去西南地区，无论多远，他都会去和我一聚；每次他来江南，我也是竭力陪伴。正如每次我会榨干他所有的故事一样，每次他也会榨干我的思考。

是的，做学术就得这样思考，不要想着"我有了一套方案"，而是要把所有的可能都想到——向好的，向坏的，可持续发展的。很多时候，我们思考向好的较多，而考虑向坏的不够，这是造成盲目冲动的根本原因。两者都考虑到了，仍然没有做好，是因为"可持续发展"被忽略掉了。做到可持续发展思维最简单的方式就是站在对方的立场上去考虑问题，把方案放在头脑里进行推演。

在做班会设想的时候，我是考虑到了可持续发展性的。所以，我又做了两件事：一件是把评选分为"周度感动人物""中期感动人物""学期感动人物"几个层次；一件是每次班会课都邀请家长代表参与，让家长做评委。

"你赚了，符合你的'五子棋原理'。"

"五子棋原理"，是弘为我造的专属词语。因为第一次见面时，我对他讲过下五子棋，我说："新手总是只想着用自己的棋子堵死别人的，而老手懂得在堵死别人的同时，逐步展开自己的布局。"让家长参与到班会中来，一方面，学生们会尽力把班会课设计得更有创意；另一方面，家长可以感受到班级的美好，这份感受就是很好的家校沟通。家长评委的最后点评，自然又是对我们的莫大支持。这是一举多得的做法。

当然，在带班过程中，很多家长会被学生们的美好温暖感动的。后来，家长们参加班会课，总会带来一些水果、点心之类的东西。慢慢地，班会课就又加入了一些茶话会的成分，结果就是班会课成了学生们美好的期待。

第八节 礼仪课程让美好塑建美好

特别欣赏杭州的一位女性朋友，她站在那里就是风景。后来知道，她是一名礼仪老师。

随着交往的增多，她给我讲述了她让学生们爱上阅读的故事。她说那天她拿着一本书，边读边走进了教室："学生们好，大家觉得老师美吗？"当然，学生们的回答是一致的："美！"

"大家说说，老师美在哪里？"

自然，学生的回答都集中在老师的外表和衣饰上。这是她预料中的答案。当学生回答完，她继续追问："除了外表和衣饰，老师还有别的美吗？"

此时，终于有学生注意到老师手里的书本："老师读书的样子最美。"

"是啊，最美的人不是因为长得多么好看，不是因为衣服多么漂亮，而是因为读书而生出来的内涵气质。读书的人最美，读书人的姿态最美。"朋友就这样把课堂引入了美、读书和读书的礼仪。

其实，很多时候德育不是告诉学生应该怎么做，而只需通过行为塑造，就自然会生出美好。

于是，我就在班上开设了礼仪课程，请杭州的那位朋友做了我班的外聘导师。

"礼仪课程？是蛮让人期待的，不知道你是怎么操作的。"当然，这是能够引起弘兴趣的话题。说实话，如果不是遇见杭州的朋友，我也不懂得礼仪也可以是德育。

"当然，这是有前提的，当我的班级逐渐因为'温暖美好'而逐渐培养了学生的自信和自豪感之后，才可以顺理成章。直接上马，会让学生觉得是花样甚至是负担而抗拒。杭州朋友第一次走进我的教室时说：'听梅老师说了咱们班的种种美好，我也心生羡慕，所以就从杭州来到咱们班，想和你们一起成长。'"

那天，朋友说，美好的班级需要美好的行为举止做配合，这样才算是真正的美好。于是，我们班的礼仪课程就自然地植入了。

第一个月的主题——"最美的姿势"：从坐姿、持书姿、走路姿、列队姿、交谈姿、请教姿、感恩姿等角度对学生们进行礼仪指导。

第二个月的主题——"最美的言谈"：从说"请""您

请""谢谢""您好"等礼貌用语入手，让学生们懂得彬彬有礼的含义。

第三个月的主题——"优雅的异性"：从帮助异性、交往异性、谦让异性、接触异性等行为入手，让学生们懂得如何在异性面前表现得得体大方。

……

"确实，你这么一说，我明白了你在一篇文章里说过的一句话：'所谓德育，也可以概括为两个字——关系。'就是处理好自我与自我的关系、自我和他者的关系。礼仪课程其实就是通过外在的行为方式来处理关系，不用'教导'，却寓'教育'于其中。"

"其他问题，例如纪律等怎么解决？"这是弘的又一个问题。人往往是这样的，听别人说时总是进入一个场域出不来。智慧如弘，竟然也出不来了。否则，他是不会问这个问题的。我只好反问他："兄弟，为了培养学生温润的灵魂，我们到目前为止谈了几种做法？"

"班级记事、班级共读、科学班会、班级礼仪，四种做法。"

"四管齐下，如果你是这个班级的一员，你认为自己会不会变得温润而善良？"

弘没有直接回答，而是闭上眼睛停顿了几十秒："会的。"

"纪律什么的，还是问题吗？"

我们相视一笑。

"你说过的，基础教育最基础的就是给予学生温润的灵魂和成长的动力。通过四管齐下，我相信温润的灵魂可以实现，让学生首先成为人没问题。但是如何才能给予学生向上的动力呢？我们都知道，现在有些学生不愿意学习，这也是家长和老师们最头痛的事情。"

正要回答，突然，"哒，哒，哒，哒……"一秒一下的节奏，无人的博客小镇竟然响起了跫音。寻声望去——一个曼妙的身影，一肩披散的长发，上身红黑相间的格子衬衫，下身蓝中透白的牛仔裤，一下子就让我心动了。

喜欢跫音，是因为我遇见过郑愁予的《错误》：

> 我打江南走过
> 那等在季节里的容颜如莲花的开落
> 东风不来，三月的柳絮不飞
> 你的心如小小寂寞的城
> 恰若青石的街道向晚
> 跫音不响，三月的春帷不揭
> 你的心是小小的窗扉紧掩
> 我达达的马蹄是美丽的错误
> 我不是归人，是个过客……

诗里的跫音，我总是固执地认为不是幻想中的丈夫的脚步声；我也固执地认为"春帷不揭"不是女子痴情的守候，而是静静地期待，她等候的根本不是一个人，就是一种跫音。那"达达的马蹄"也不是错误，而是一种难得的美丽，无关归人，也无关过客，只关乎深邃，只关乎稀有，只关乎灵魂深处的期待。

虽看不见她的正面，但我能断定她是美女。能在博客小镇出现的女子，能不美吗？

当跫音一点点从我的耳边抽离，我没有追赶。

追赶了，就不是跫音了。

如果学生有一颗温润的心是确保"根正苗红"，那么有一颗向上的心就是确保枝繁叶茂。如何让学生有一颗积极向上的心呢？这里有一套完整的操作方案。

第四章 第二把"钥匙"：
让每个学生都有向上的动力

生活就是这样，很多时候你苦苦探索却没有结果，例如关于"学生没有学习动力怎么办"的问题，而偶然的一次遇见，却可以为你打开一扇窗。正如我遇见马兰教授这句话——

只有满足学生对归属感和影响力的需要，他们才会感到学习是有意义的，才会愿意学，才会学得好。

一下子就给我打开了一扇窗。

哒哒的脚步声消失之后，偌大的博客小镇，又剩下了我和弘。我不喜欢热闹，但我喜欢和少数（一两个，最多不超过三个）志同道合的朋友就共同关注的话题聊个天翻

地覆；要么，就是一个人待在安静的角落里闭目冥想或者抱着一本书读。

静寂的博客小镇，一个我，一个志同道合的弘，是我最喜欢的样子。

"弘，你怎么看'学得好'三个字？"

"当然是有好分数、发展全面和心理健康了。"

是啊，曾经多么苦恼地寻找让学生有个好分数的方法，寻找让学生全面发展的路径，也更多地寻找让学生心理健康的方法。可是，"梦里走了很多路，醒来却还在床上"。遇见马兰教授的一句话，我就豁然开朗了。你让学生学得好，你得让学生愿意学。一个不愿意学的学生，你永远不要奢望他能学多好。但是让学生愿意学的方法，不是你逼迫，也不是你苦口婆心地劝说，更不是白天黑夜地补课，而是让他们感觉到学习是有意义的。"感觉到"这三个字真好，它不是靠说教能达成的。学生感到学习有意义的前提是归属感和影响力的满足。

为此，我们需要构建一种可以给学生归属感和影响力的班级生态，它是学生能够"学得好"的基础，更是带班的基础。

第一节 第三生态给学生归属感、价值感

"咱们前面聊的让学生灵魂温润起来的方法，是可以满足学生归属感的吧？"弘是懂我的，"学生内心美好而温暖，就会变得善良，就会懂得温暖别人。每个人都温暖了别人，就等同于每个人都可以感受到温暖，自然就满足了每个学生的归属感了。"

那么，影响力的本质是什么呢？

从"影响力的需要"几个字来理解，影响力应该是客体对主体的认同感。这就很容易理解了，这就是别人对一个人自我价值的认同。从我们通常对影响力的定义来看，这种影响是主体释放出来的能量，它的核心基础是向上的动力。这就需要主体做出一些实绩来影响别人。

满足学生个体归属感和影响力的班级生态中的影响力

特指别人的价值认同。当然，别人的价值认同可以激发自我的动力，从而释放自己的影响力。二者是正向的循环关系。

"你怎么说自己的班级生态是第三生态呢？那第一、第二生态是什么？"

"第一生态是常见的班级模样——由班长、副班长、纪律委员、学习委员以至科代表、小组长组成的金字塔结构；第二生态是学生自主管理结构。我摸索的这个东西，和这两个都不同，就叫第三生态了。"

"好啊，那我见识一下你的第三生态是什么样子的。"

我没有直接回答他，从小溪中心的石头上跳了下来，来到了旁边的水泥空地。润湿的水泥地有些暗淡，恰恰为白石灰的划痕做了美妙的背景。弘跟过来的时候，我已经在水泥地上画好了表格——

科目	组别					
	一	二	三	四	五	六
数学	1	2	3	4	5	6
语文	2	③	4	5	6	1
英语	3	4	5	6	1	2
选一	4	5	6	1	2	3
选二	5	6	1	2	3	4
选三	6	1	2	3	4	5

"这就是你说的班级第三生态？看不懂。"

"你当然看不懂，你看懂了我还在你面前嘚瑟啥呢？"

我跟朋友说话，自由得很，"我们先来看第一行六个数字。"

"我明白是一到六组，你在左上角写了'组别'两字的。我还知道第一列是选择的科目。我不明白的是，为什么你非要分六个小组选六个学科？"弘的疑问让我想起了在鄱阳的一次讲课，一位女老师问了同样一个问题。当时我给她的答案是："因为我们班是三十六个人，所以我选择了六个学科分六组，六六三十六嘛！"

当时，那位老师就继续追问："那班上要是三十五个人呢？"

"选五个学科，分七个小组啊，五七三十五嘛！"

"为什么不选七个学科，分五个小组呢？"她打破砂锅问到底。

"因为一个小组四到六人最合适，人少了没有合作的氛围，人多了就难以组织活动。一个小组七个人，活动起来就很困难。"

有时候你还真的能遇见"杠精"，那个女老师又追问了："那要是我班三十四个人你咋办？按照你的标准，反正你不能选两个学科分十七个小组，也不能选十七个学科分两个小组。"

"我没有直接回答她的问题。弘，你说如果班上三十四个人，你该怎么分？"我把问题抛给了弘。我知道这是一个特别有趣的问题，也是在实际操作中势必会遇见

的问题。

弘愣住了，我也只好换了一种说法："我班现在三十三个同学，你猜我是咋分的？"

"不可能是选三个学科分十一个小组，因为每组三个人，少于四人；也不可能是选十一个学科分三个小组，因为根本没十一个学科。"看来，每个小组四至六人的原则，弘是掌握了。我又在旁边画了下面这个表格——

科目	组别					
	一	二	三	四	五	六
数学	1	2	3	4	5	6
语文	2	3	4	5	6	1
英语	3	4	5	6	1	2
选一	4	5	6	1	2	3
选二	5	6	1	2	3	4
选三	空	3	空	2	1	空

"我这么分，行不？"

"好像不行啊，每个小组的人数不一样多。"弘满脸迷茫。我狠狠地给了他一拳："每个小组的人数非得一样多吗？多一个人少一个人又能怎样啊！"

挨了一拳后，弘哈哈大笑："我真是傻掉了。"

是啊，至于这么死板吗？

到此，弘总算明白了所选学科和班级人数的关系。只是，他不明白表格里的数字代表着什么。我也就不卖关子，直接告诉他那是上学期期末考试，或者是本学期期初考试，或者是连续几次大考平均的排名。

当然，弘的疑惑又来了："为什么只取前六名学生？其他学生去哪里了？"

"你数数，数字的个数是几？"

"三十六个。"

"我们班就三十六个学生啊，每个数字代表着一个学生。"我知道，弘还是不懂。他一定不懂为什么没有数字 7～36。没有再问他，我就直接说了："因为是要分六个小组，所以我取的是每个学科的前六名。六个学科的前六名，加起来正好是三十六名学生。"

"我还是不懂，不可能学生就考这么巧啊！要是一个学生语文和数学都考第一名，你怎么办？后面也会有重复的啊！"

亲爱的朋友，读到这里，您是否也有着同样的疑问？我相信您会有的，因为有经验的您知道，尤其是优秀的学生，考几个学科的第一名是正常的。

大家跟我一起做一个设想：班级三十六个学生站在一起，首先我以数学成绩为依据选出前六名，让这个六个学生站在旁边，是不是剩下了三十个学生？那么，我们假设这六个学生里面有一个语文和数学都是第一名，剩下的三十个学生里面还有没有这个学生？肯定是没有喽。

大家再跟我一起设想：在剩下的三十个学生中，我们以语文为依据，再选出前六名会发生什么？是根本没有了语文第一名，还是出现了新的语文第一名？当然是出现了新的语文第一名，只是这个语文第一名是原来的语文第二名顺位填补上来的而已。

以其他学科成绩为依据也是一样的，以此类推而已。我们选的第一名或者第几名只是个相对数字，不是绝对的情况。也就是说，上述第一个表格只是理论上的分配，而并非事实。诚然，一定会有朋友问："不是事实的还有价值吗？"当然有，因为第二名和第一名的差距并非天渊之别，何况我们这么来选是有深意的，这个深意也是第三种班级生态最大的价值。

"你说得我心里痒痒的，是不是故意吊起我的胃口？"当这小子把眼珠子转到白眼珠多于黑眼珠的时候，就是他内心最兴奋的时候。

于是我又带他回到了第一个表格。

"我们以③这个学生为例，你从横坐标和纵坐标两个维度结合来看，你发现这个学生有什么特点？"这是我问过不少朋友的问题，但少有人能看出来。亲爱的朋友，停住，别往下读，您能看出来这个学生有什么特点吗？

弘看不出来。

"这个学生是第二小组的语文第一名。"我的揭秘更是让弘摸不着头脑，他实在无法理解这是为什么。"因为数字是 3，意味着他是班级语文第三名。从横坐标看，我们可以发现，班级语文第一名也就是数字 1，在第六组；班级语文第二名也就是数字 2，在第一组；他是班级语文第三名，他在第二组。第一名和第二名都不在第二组，当然他就是第二组的语文第一名了。"

绕了一大圈，总算把弘给绕明白了。估计，亲爱的读者朋友，您早已明白了。您能原谅这么啰唆的我吗？

"脑袋被你搞大了。"弘用拳头捶了捶自己的头，然后到溪边去洗脸了。如今可以洗脸的小溪不多了，博客小镇的小溪算是一个。当四月的溪水治好了弘的头晕之后，弘又回到了我身边，继续跟我做烧脑运动。

"证明他是小组语文第一名有什么用吗？"刚回来，他嘴巴就停不住。

"给他一个职务呗。你觉得给他个什么职务合适？"经过思考得出的答案比我直接告诉他的答案更容易理解，这是我不愿意直接告诉他答案的真实原因。当然，也是我这样写作的原因，朋友，您懂我吗？

"他还能做啥，语文课代表？班上有语文比他好的啊。最多做个小组长。"烧脑开始了，"小组长也不一定必然选他啊？"嘀嘀咕咕的弘是不知道该怎么办的。因为是我设置的东西，别人没做过，我只好告诉弘："让他做小组

的语文课代表。"

"这个好！"弘恍然大悟。

"这个学生是不是特别有价值感？"

显而易见。

亲爱的读者朋友，同样的道理，是否可以证明这个小组的其他成员也分别是某个学科的小组第一名？当然，您也明白了，他们每个人都分别做着小组的某个学科科代表。所以，这个小组内部，每个人都有价值感。说到这里，请允许我再插句话：其实，收发作业以及统计作业等问题，不需要研究怎样效率高的，将这些事交给各小组科代表就行了。一个科代表统计六个人的作业，轻而易举！

"你不是说，这么分组是有别的深意吗？难道就是为了让每个人都当科代表，都有价值感？"弘没有忘记"深意"的含义，当然就会一直追问下去了。

接着弘的问题，我们继续往下分析。既然每个人都是某个学科的第一名，就意味着他们的学科成绩是互补的。这就客观上形成了结构性的相互依赖。这种结构性的相互依赖就使他们具备了相互帮助的可能。这里，我只是说可能，但是如果以温润的灵魂做基础，这种帮助的可能就成了现实。当一个学科成绩互赖小组内部的人相互帮助的时候，他们的学习效能会极大地提升。我们都知道，通常所认为的"问题生"，和被忽视有极大关系。而在这种小组形态里，每个同学都有帮助别人的想法，也有被帮助的现实。当一个小组没有任何一个人被遗忘的时候，每个人都可以获得归属感。价值感和归属感双重统一，如果回到马兰教授的话再来审视，这些学生怎么会不愿意学，又怎么会学不好呢？

继续回到我们探讨的表格上。如果您发现第二小组人人都做科代表、学业成绩具有互补的结构性互赖关系，您就会发现其他小组也具备这种关系。也就是说，这个班上人人都是科代表。

说到这里时，弘一下子打断了我："我终于发现了你所谓第三生态的最大优势了，那就是真正的人人都有事情做，人人又都处于平等的地位。"

当然，我必须说明的是，这第三生态只是一种摸索的路径而已。

弘没有看到的是，在整个班级层面，其实也起到了满足学生归属感和影响力的作用。在这样的班级生态里，学生会真正明白学习的意义，会愿意学，会学得好。弘还没有看到，其实每个小组都有数字 1 ~ 6。这就意味着每个小组的学业成绩是相对均衡的，有利于后续小组之间的合作或竞争。弘没有看到的第三点就是，这个表格也解决了家长因对学生座位不满而不断找班主任麻烦的问题。一个原因是这种分组方式其实已经淡化了坐在哪里的重要性，和

谁在一起以及能否好好地在一起更重要。第二个原因是，教室里的座位并非是按照上述样表提供的一个小组纵向来排的，而是按照小组相对集中在一起的团座方式排的。如图所示：

第一组	黑板、讲台	第二组
第三组	中间走道	第四组
第五组		第六组

一周换一次座位。换座位的方式首先是小组间的整体平移。例如，一周之后，上表就可能变化为：

第三组	黑板、讲台	第一组
第五组	中间走道	第二组
第六组		第四组

以后按照次序轮换。每个小组处在"不好的位置"最多一个星期。

在小组整体平移的同时，小组内部成员之间也是平移的。例如，第一周第一组内部可能是这样来坐的：

1	2	3
6	5	4

第二周平移后可能就变成这样了：

6	1	2
5	4	3

每个学生处在"不好的位置"最多一个星期。这样家长们就不会斤斤计较了。

交流到此，弘兴奋到了极点，有些得意忘形了。我喜欢"得意忘形"这个词：人一旦陷入得意的状态，就会忽略很多东西。例如，我提供的第三生态的样表，其实是隐藏着两大危机的。

危机之一。我们再以③为例，他和二组的几个同学被分到一个小组是没有选择权的。他的考试名次就决定了他必须和这几个同学在一个小组，没任何自由。同理，您会发现这个班上所有的同学都没有选择权。请问各位，您有这个能力吗——按照自己的设想分组，却没有一个同学反对？估计您没有吧。如果各位认真阅读了本书前面的内容，您会发现第三生态构建是以温润的灵魂构建作为前提的。所以，这种方法不适合一开始带班就采用。既然发现了它的好，那就去做好它的前提工作吧。

危机之二。我提供的样表是以我带过的某个班为样表的，我的班是 36 个同学。如果您的班超过了 40 人，再采用这种分法，就会出现后面几个小组的学业成绩与前面的

差距较大的问题。所以，当您的班超过了 40 人，您就要把一个班分成两个大的小组，然后再使用 40 人内的分组方式。假设您的班有 50 人，虽说原则上是要按照 5×5 的结构分组，但因班里有 50 个人，就只能选择 5×10 的结构来分。5 为学科数，10 为前 10 名，要分 10 个小组。但 10 不能按照 1～10 的顺序，要按照 1、3、5、7、9 和 2、4、6、8、10 分成两组。具体结果可能如表 1 和表 2 组合。

表 1：

科目	组别				
	一	二	三	四	五
数学	1	3	5	7	9
英语	3	5	7	9	1
语文	5	7	9	1	3
选一	7	9	1	3	5
选二	9	1	3	5	7

表 2：

科目	组别				
	六	七	八	九	十
数学	2	4	6	8	10
英语	4	6	8	10	2
语文	6	8	10	2	4
选一	8	10	2	4	6
选二	10	2	4	6	8

倘能发挥其所长、避免其危机，第三生态必会给您的带班工作带来方便。

第二节 三种策略让动力点燃成为现实

没有太阳，自然看不到夕阳西下，但黑暗的袭来还是告诉我们该回去了。

弘回的是他家，而我回的是家叫作"苔花居"的民宿。这是一个具有独立院落的花园，青翠的藤蔓和密密麻麻的各色绿植，使这个小小的院落形成了大大的空间。这个店名我喜欢，因为第一次读袁枚的"苔花如米小，也学牡丹开"，我就被深深地感动了。苔花虽小，却昂首开出了自己的姿态。

人生，是需要一种力量的。

教师之于学生，如果不能给予成长的力量，不能说是成功的教师。这也是这么多年来，我自感骄傲的地方之一：我的学生不见得成绩有多好，但他们一定是学校里最上进的集体。

就是在这个叫"苔花居"的民宿里，我又一次仔细梳

理了我给予学生动力的做法。当然，和我以前讲过的会有不同，毕竟时间会让我无论从理论还是实践上都不断地修正与提升。我觉得我有呈现出来的必要了，毕竟这是新的思考。

有几种做法和"让灵魂温润起来的带班策略"大体是相同的。

例如班级记事。这个阶段记录的是积极向上的事情，具体操作方式和让灵魂温润起来的班级记事是一样的。当然，记录积极向上的事情，不是要丢掉温暖美好的班级记事，而是由两个人来记录：一个记录温暖美好的事情，一个记录积极向上的事情。诚然，第二天的朗读人也是两个。您也能想得到，我发到班级博客里的文章，也是两篇。

例如班级共读。班级共读采取的同样是"晨诵""午读"和"暮说"的方式。只是晨诵的时候，会读一些励志"鸡汤文"，注意是"鸡汤文"。力量的滋补是需要慢慢来，不能突然间大补的。大补身体会承受不了，结果会适得其反。这里我有必要给朋友们举例说明，否则大家可能把握不好"鸡汤文"和"鸡血文"的区别，过度励志，可能会带来麻烦。当然这类晨诵在励志的最后阶段就改变了，原因我们后续会谈到。

我们读的是如下文一样的文章：

哪有那么多天上掉馅饼的好事

左小侠

写网文的麦子姑娘和我抱怨："如果我也能千字二百的话，那我一天绝对能码两万字。"

麦子的抱怨让我想到了在很早之前关注过的一个小主播。只有两千的粉丝，每天要直播八个小时，要打赏、要关注，生病了、来例假，从没有断播的时候。不到一年的时间，她的粉丝涨到了七十万。

后来我和麦子姑娘沟通了这件事，麦子姑娘有所启发。年底，麦子从作家年会回来，我去接她。麦子坐在车后面拿出笔记本开始码字。我问麦子："这么努力，这是要成神了吗？"麦子说："我还差得远呢，那些大神们可比我努力多了。"

世界是公平的。你定好闹钟，你又点了十分钟后提醒；你去自习室学习，又掏出了充好电的手机；发誓要好好学习，你却没有静下心来看书，而在忙着发朋友圈，告诉大家你在努力。所以，别人走了很远，你仍然是你。

想起我的一个朋友，张导，做网剧，喜欢和我们聊一些电影的前景和一些大师的作品。

每每讲到当下的某部电影导演和他是同一时期的同行时，他总不忘感叹两句，别人的运气太好，自己就遇不到大方的投资方。这些年，他拍过几个宣传片，接过几个小网剧。想做一些像样的网络大电影，不是缺剧本，就是没投资。

我问他："那你这么久都在忙些什么？"

他想了想，也没说出个所以然。

其实，他只是在忙着见编剧谈剧本，忙着找老板拉投资。他从没有停下来认认真真地做部电影。好不容易想认真做个电影了，坚持了没两天，就又想——质量什么的都不要紧，先把钱赚了再说。

别人在努力的时候，你在发呆；别人有成就了，你又怪自己运气不好。哪有那么多天上掉馅饼的好事？

你就承认了吧，你就是想成功又不想努力。

（文有改动。）

至于为什么过度励志会出问题，请允许我留在下一节来说明吧。

午读的励志大书，我们会共读路遥的《人生》、斯蒂芬·金的《肖申克的救赎》、温斯顿·葛鲁姆的《阿甘正传》等。

例如科学班会课。具体的操作方式和美好温暖的班会一样，只是把上个学期的主题"让我们彼此成为生命中的贵人"改成了"我和他们不一样"；只是"感动班级人物"评选的"感动"的内涵更丰富了，是美好与努力的结合体。

以上三种做法，除了班级共读之外，其他两种做法都是用身边的形象来影响身边的人。

这是励志教育的第一个阶段，也是要一直延续的阶段。诚然，一直延续第一阶段的做法，并不是不需要第二阶段等的植入，而是需要阶段的并行与更迭。下一节，我们继续。

第三节 科学励志是动力生长的
重要保障

朋友们一定还记得前面咱们聊过"如果过度励志就会出问题"。

这不是危言耸听，只是很少有人关注这个问题罢了。如果真的有人关注了这个问题，就不会为了调动学生的学习积极性而随便请一励志演讲家来"打鸡血"了。

说到底，励志也是在改变人的内在心理结构，是一种由表层改变开始到逐渐改变内在结构的过程。只是改变心理表层就如拉橡皮筋，如果突然用猛力，结果要么是把橡皮筋拉断，要么是被橡皮筋的反弹力伤害。这就是不宜过度励志的原因所在。

拉橡皮筋各位都是有经验的，一开始比较好拉，越往后就越费力。人的心理也一样，越到后期，内在心理的反调节能力就越强，因此心理的改变需要逐渐加强。

很多人对这个事情有过误解，认为调动学生的内心和看病一样：一开始病重，就下猛药，然后看着好转，逐渐减少药量。其实，改变学生心理的过程恰恰是相反的。如果凭空给学生来一段猛烈的励志教育，学生们会感觉很突然，而后续的"剂量递减"恰恰给了心理的反调节可乘之机；如果后面不减，那风险就更大了，因为心想事成只存在于美好的祝福里，现实很骨感。

所以，动力给予是有节奏的，一个由缓到急的节奏。

第一个阶段是以形象影响形象。这是咱们上节交流的内容。这个阶段至少需要 21 天，以后也要延续。21 天之后，我们才能考虑采取其他方式。

第二个阶段是寓教于乐。我们用比较快乐的方式让学生们感受向上的力量，而不能让学生们感到有任何说教的痕迹。我们可以采取心理舞台剧的方式，也可以采取歌曲联唱的方式，还可以采取其他方式。这个阶段需要 30 天以上，但不宜超过 50 天。选择的内容一定要有一定的触动性，因为这是比第一个阶段稍猛的阶段，否则效果不会明显。

说实话，我尝试过很多种做法，例如看励志视频、请优生说法等，都没有取得多好的效果。多次实践之后，我选择了可能大家认为最没有水平的做法——每周一歌。每周让大家集体选择唱一首励志歌曲，每个课间大家都可以唱。由于是每周一首，学生们还在兴趣点上的时候，就开始换第二首歌曲了。

看到这里，您是不是笑了？您可能会说："每周一歌？没啥新鲜东西，我都做过，也没见得有什么效果。"是的，如果每周唱一首励志歌曲有效的话，那带着学生们去唱《真心英雄》《骄傲的少年》《夜空中最亮的星》等就好了。您会发现，基本没有用。为什么呢？请允许我把具体做法分享给您。

进行文理分科的时候，我班是理科最差的一个班。最差的班，确实遭受了不少别人的看不起。其他的老师和同学，一提到我班，总是不屑一顾的样子。我班的学生们很压抑，尽管有了前一个阶段形象影响形象的内部提升，仍很难一下子摆脱低沉的情绪。于是，家长们在家委会的组织下，综合各种因素，选择了《海阔天空》作为第一首班歌——

　　我曾怀疑我 / 走在沙漠中 / 从不结果 / 无论种什么梦 / 才张开翅膀 / 风却变沉默 / 习惯伤痛能不能算收获 / 庆幸的是我一直没回头 / 终于发现真的是有绿洲 / 每把汗流了生命变得厚重 / 走出沮丧才看见新宇宙 /

　　海阔天空 / 在勇敢以后 / 要拿执着将命运的锁打破 / 冷漠的人 / 谢谢你们曾经看轻我 / 让我不低头 / 更精彩地活 /

　　凌晨的窗口／失眠整夜以后／看着黎明从云里抬起了头／日落是沉潜／日出是成熟／只要是光一定会灿烂的／

　　海阔天空／在勇敢以后／要拿执着将命运的锁打破／冷漠的人／谢谢你们曾经看轻我／让我不低头更精彩地活／

　　海阔天空／狂风暴雨以后／转过头对旧心酸一笑而过／最懂我的人／谢谢一路默默地陪我／让我拥有好故事可以说／看未来一步步来了／

　　如果您带过差班，听到这首歌会不会特别感动？尤其是那句"冷漠的人，谢谢你们曾经看轻我，让我不低头，更精彩地活"。正是因为这首歌触到了学生的痛处，他们才会绝地反击。如果您做过有梦想的"后进生"，你是否还记得那"失眠整夜以后"，是否也会在心底对那些"最懂我的人"说声"谢谢一路默默地陪我"？如果您带的班是个中等班或者优秀班，学生们没有感受过别人的"冷漠"和失败的痛楚，没有经历过辗转反侧，这首歌对他们会有用吗？

　　所以，励志歌曲不是拿来就能用的。励志的内容必须和学生的心灵脉搏跳动相一致才能发生共振，共振才能引起共鸣。如果不能引起心灵的共振和灵魂的共鸣，再励志的歌曲都产生不了励志的作用，只能作为一首歌在那里罢了。

　　教育，可以简约，但绝对不是简单。

不可否认，我选择这首歌作为第一首励志歌曲是有些急功近利的，因为我必须让自己班级的成绩早早地赶上来。这是客观环境给班主任提出的要求。奋斗在一线的您一定有深刻的体会。

这首歌是有问题的。

这首歌最大的问题是把自己成长的立足点放在了别人的肩膀上，有那种"你看不起我，我偏要做给你看"的倔强，有那种"今天你对我爱答不理，明天我让你高攀不起"的报复意味。这种倔强和报复是一种不健康的心理，在这样的心理背景下长大的学生，无论将来考多少分、上多好的大学，心理都是扭曲的。

而正常的心理是，无论荣辱成败，都和我相关，一切扛在自己的肩膀上。

我们不能培养心理不健康的学生，在急功近利之后，需要及时地修补。于是，我们选择了第二首歌《有用的人》——

> 谁不希望自己是聪明的人 / 谁不希望什么都能一百分 / 谁会希望自己又呆又傻又愚蠢 / 谁会愿意听到"你真的好笨" /
>
> 有些事情就是这样的残忍 / 有些道路没有直通那扇门 / 有些游戏结果不一定要获胜 / 有些收获不在终点只在过程 /
>
> 我们不会心灰意冷 / 我们会给自己掌声 / 我不是

你想象的笨 / 我也有我自己的门 /

其实你不是不能 / 只是你肯不肯 / 给自己多一个机会 / 因为我们都是有用的人

你若不努力，没有人可以让你崛起。很多时候，我们不是败给了别人，而是败给了自己。"你不是不能，只是你肯不肯。"这首歌可以说直抵人性的弱点，又可以树立起自信的旗帜，因为我们都是"有用的人"。这样，就引导学生把成败扛在自己的肩膀上了。

我们班采取的是小组合作的方式。所以，通过励志歌曲影响小组行为就是必须的了。于是，我们选择了《崛起》作为第三首班歌——

无论怎样你都是我的兄弟 / 再遥远都会注视着你 / 你的每一次跌倒和爬起 / 我的心疼 / 我的惋惜 /

无论怎样都要拥有尊严 / 什么结果都不会怪你 / 荣耀与辉煌不只是胜利 / 逆风展翅 / 腾空崛起 /

向前冲 / 昂起头 / 身为战士做英雄 / 男子汉跟我走 / 狂奔燃烧热汗流 / 向前冲 / 昂起头 / 炎黄子孙齐加油 / 丈夫崛起高昂首 / 腾身一跃向胜利冲锋 /

向前冲 / 昂起头 / 面对更高的追求 / 有你为我大声吼 / 我会奋勇到最后 / 向前冲 / 昂起头 / 炎黄子孙齐加油 / 丈夫崛起高昂首 / 腾身一跃向胜利冲锋 /

如果我们"翻译"一下这首歌，就会明白其对小组的意义。"无论你的基础是好是坏，都是我们小组里的人。即使你再差，我们都不会放弃你。你每次考差之后，我们都会为你心疼、为你惋惜。无论怎样，我们希望你不要丢了尊严。你考得多么不好、拉了小组多少平均分，我们都不会责怪你。因为我们明白，一个人不是每次都可以胜利，但要具有逆风展翅的勇气……"这仿佛是一个小组成员对另一个小组成员的轻轻絮语，温暖而励志。

当然，受篇幅限制，我不能把六个周的六首励志歌曲都展示出来，只是要告诉朋友们，选择励志歌曲，一定要结合班级发展的需要和节奏，不能装进篮子都是菜，不能只要是励志歌曲就拿来唱。

六个周之后，每个小组抽签，选择一首歌，用创新的方式进行演绎，也就是举行一场班歌会演。

这样，励志歌曲这个项目前后用了49天时间，算上前期形象影响形象的21天，共70天了。根据行为心理学，彻底改变人的内在心理结构需要90天时间，且改变人的心理，如同通过拉伸改变橡皮筋的形状，越往后拉，阻力越大。经过前两个阶段的激励，对学生进行心理调节此时也就到了最困难的时候。

此时就必须"下猛药"，只有"猛药"才能冲破旧习惯的阻力！

所以，这个时候我根据班级发展需要，编写了一套21

篇的励志教程。为了让大家对班级励志教程有个大概的了解，我先把我写的序呈现给大家。

责任的力量

和每个人一样，我埋怨过别人对我不公，我诅骂过别人对我诋毁，我愤怒过别人对我蔑视……

可是，今天，我不再这样，因为我明白了所有的结果都是自作自受，我明白了所有的后果都必须自己来负，所有的责任都必须自己来担。正如我们这个班，你抱怨过你被分到了这个班，你还抱怨过你高一时被分到了那个不好的班，你应该还抱怨过你所在的这所学校。

可是孩子，如果你初中时用尽了全力，你会考到这个学校吗？如果你高一努力奋斗，你会分到我们这个班吗？

不会，一定不会！一切都是我们自己一手造成的，我们有什么资格埋怨别人？我们都没资格去埋怨、去愤愤不平。

懦夫会在抱怨中错过追赶的机会，会在堕落中让人进一步鄙视。我不知道，你不努力，到底想堕落给谁看？而勇士会说："一切都是我造成的，我的责任我来担！"因为他们明白，抱怨没有用，一切靠自己。

或许，你会说"我真的不如别人"。我不想说你是个懦夫，只是你敢用自己最大的努力来证明一次自己吗？真正的懦夫不是能力低下，而是还没有出发就认输了。曾经坚信，人是这个宇宙最伟大的精灵，因为比人凶猛的生物多的是，但正是人类统治着这个世间。这或许就是动物的头朝前低着，而我们的头颅高昂朝上的原因吧。

因为如此，我总觉得自己活一遭是多么的神圣，如果我的人生碌碌无为地过去了，我和动物有何区别？所以，我珍惜我的存在，我珍惜我的生命，于是我努力做到最好。这是我的责任，我必须勇敢地担起让我的生命精彩绽放的责任！

孩子，你知道吗，即使在我们学校，最好的班级和最差的班级入学平均分相差也就 10 多分而已！10来分就能证明你是笨蛋而别人是天才吗？你信吗，你愿意承认吗？

是的，正因为你从来没有珍惜过你的生命存在、你没有认为自己是最优秀的一员、你没有舍我其谁的霸气，你才到了今天。

每个人都可以是最美的风景，只是有人没有担起让它美好的责任，而让自己的生命凋零枯萎了。如果你愿意，你愿意全力以赴，你愿意对得起最伟大的生命存在，抑或说，你愿意把自己当作一个伟大于一切生命的人，那么你就勇敢地担起让自己优秀的责任吧，因为你不比任何人差。你不是不能优秀，而是不肯优秀，是没有像勇士一样冲向优秀的气概。

尼采说："每一个不曾起舞的日子，都是对生命的辜负。"你是那个辜负自己生命、败坏自己生命的人吗？更何况，我们都经历了那么多不屑、不公甚至白眼、蔑视。

陀思妥耶夫斯基说："我怕我配不上自己所受的苦难！"我们经历了那么多，你不怕吗？你不怕对不起自己吗？

孩子，别让自己的苦难白受，担起责任，像个男人一样，冲刺吧！

岁月会为你做证：责任的力量——

石破天惊！

整个励志教程的 21 篇文章都是这种风格的文章——读起来朗朗上口；内容极具激励性；文辞优美，素材丰富。

所以，学生朗读了这类文章，既可以励志，又可以学习写作方法、积累写作素材。

关键是，这些文章如何使用呢？

一是每天早读前，全体起立，大声朗读；二是一篇文章读三天，21 篇共读 63 天。

如果我问您："您读这本书到这里，思想是不是有了些许改变？"

您可能会会心一笑。

到此，我们需要算一笔账：三个阶段的励志，总共用了多少天？

21+49+63=133（天）

请问朋友们，133 天是什么概念？一个学期！

根据行为心理学所讲的 90 天就可以改变人的内在心理结构，133 天的励志会是怎样的结果呢？我记得一个听我讲课的老师用一个非常俏皮的方式回答了这个问题——133天励志，连猪都会上树。

诚然，您是知道的，这里没有任何侮辱人的意思，只是为了说明励志有效果而已。仅此而已，我不希望有朋友过度解读。因为专业去找刺的话，到处都是。汲取对自己有用的东西就可以了，觉得没有用不读就是了，何必用别人的文字伤自己的心呢？

不妨，我们就顺着这个俏皮话问下去：猪上树了会有什么结果？

当然，一种是上去了，成了天蓬元帅或者跟唐僧取经后成了净坛使者；另一种是从树上掉下来摔坏了。

励志教育一样，有些学生因为励志达成了理想，而那些不能达成理想的呢？所以，励志教育是把双刃剑，效果有多好，风险就有多大。

那么，怎样才能规避励志教育的风险呢？

第四节 以师生聊天方式消解励志
背后的风险

我采用的是"聊天本"的方式。

我所谓的聊天本，就是每天我和学生之间进行书面交流的本子。前几年我叫它小本，后来一个学生在自己本子的封面写了"聊天本"三个字，我觉得"聊天本"比"小本"要好些，毕竟"聊天"有无拘无束的意味和休闲的味道。

如果师生之间只有教育，那将会失去很多灵魂交会的美好，而有一个聊天的空间，才会逐渐释放心灵，贴近美好。正因为学生释放了心灵，学生所有的心理问题才有了安放之地；正因为学生释放了心灵，所以教师才可以足不出户了解学生的心灵动向，做到防患于未然。

所以，聊天本很重要。当然，老师会聊更重要。你不会聊，学生就不跟你聊，你又如何能走进学生的内心呢？

跟学生聊天，有三个字要掌握好。

第一个字：引。

有些学生戒备心很强，他不会随意跟你聊的。例如多年前有一位黄同学，就曾交上了几个字："我无话可说！"我知道，因为是中途结伴，他可能排斥或者有所顾忌。于是，我在他的聊天本上写了这样的评语："哈哈，你无话可说但还是给了我面子，写了5个字。谢谢你！告诉你一个秘密，有人说我是个蛮帅的人，有点像刘德华。你感觉我和刘德华的相似点和区别是什么？"

这么说，一方面摆脱了老师常态的严肃，变得非常随意，这样可以打消他对老师的顾虑；另一方面能引出他下一次的话来，让他别再给我来个"我无话可说"。我深信，只要他接着说话，就会有办法让他主动说。

第二天，他写下了这样的话："帅？我没感觉到。你和刘德华的相似点就是你们都是男人。区别就多了：人家眼睛大，你的眼睛迷离；人家鼻子大，比例协调，你的鼻子大，仿佛是脸上长了座喜马拉雅山；人家嘴巴和谐得体，你的嘴巴占了三分之一个脸。"

这个回复让我看到了这个学生还是有一定的观察力和幽默细胞的，文笔也不错。于是，我又在他的话后面写下了这样的话："呵呵，你观察得真仔细。不过，我不觉得自己丑哟。我妈妈就告诉我：'大眼一瞪，卖干卖净；小

151

眼一挤，置买东西；小眼睛聚光，大鼻子闻香，大嘴巴吃四方。'你在妈妈心目中是怎样的？你帮我分析一下，就我这样，为什么还有人说我帅。"

我试图通过回复引导他去正确看待母亲以及审视自己的行为，锻炼这个学生分析问题的能力以及关注现实的心理。因为他是单亲学生，跟妈妈一起生活，如此自然也就打开了交流的大门。

第二个字：放。

放下教师的架子，放下动不动就教育学生的功利心。

做教师的有个习惯，总是和学生聊不到一个频道上，原因就在于总是放不下自己的教师身份。

例如有一次，倩同学在聊天本的开头这么写：

> 梅同志，不错啊，真聪明，一下子就发现了我多热爱夸奖自己！

对老师的称呼是"梅同志"。这个时候，她把老师当作老师了吗？没有。只有没把老师当作老师，她才会"放肆"。这种"放肆"何尝不是一种心灵的释放呢？释放了的心灵才不会有压力。如果此刻班主任来句"要尊重老师"，那就连尬聊都没了，直接把天聊死了。

即使您发现了学生的违纪现象，也不要在聊天本里教导学生，只需用幽默的语言暗示学生，您已经关注到了就可以了。

假如某个学生到校迟到了，您没有必要在聊天本上说"今天你迟到了，扣 3 分"等，只需用幽默的话语让学生体会到您已经关注到他迟到就可以了。您可以这么说——

　　（设若 7：00 早读）今天 7：05 分，我发现一个人进教室，我还以为是你呢，估计老眼昏花了。

也可以这么说——

　　懒虫，比我还晚。

还可以这么说——

　　今天很开心，班长说今天一个人都没迟到。你信不？反正我信了。

第三个字：回。

要回复每一则学生的谈话，而且不能用"阅""好""不错"等来应付，因为心是用心来换的。

如果这三个字做好了，学生就会敞开心扉和你聊天。他的心扉都敞开了，你还有什么不能了解的呢？何况，聊天本身就是学生舒缓心灵的方式。

规避励志的风险，就这么简单。

但是，聊天本的作用可没这么简单。你是可以用它

来做"秘密评语卡"的。

"秘密评语卡",没听说过吧?告诉您,这可是我认为最有效的写评语的方式。

> 你是一个聪明伶俐的学生,大大忽闪的眼睛,让我感觉你是多么灵动。读课文时,你表情丰富;讲故事时,你绘声绘色。参加集体劳动时,你也总是一马当先,赢得了不少人的喜欢。只是,我多么希望你能在自己的座位上安静下来啊,那样你将会更好。

这样的评语您见多了吧?

只是,在我读到这段评语的时候,总是想起一次次领导找我谈话,前80%左右的话语是对工作肯定,"但是"之后的20%自然就是各种毛病和不足了。当我离开校长办公室踽踽独行的时候,80%是什么已不大记得,一直盘旋在脑海里的恰恰就是那20%的不足。当我把自己的感受告诉朋友之后,她说:"作为一个负责任的教师,我总得指出学生的不足吧,即使现在学生不明白,数年之后,当他再看到老师的评语时,他一定会明白老师的苦心的。"

您是知道的,数年之后,哪个学生还会回头翻翻老师当年的评语?即使他会翻,那个时候再明白还有什么价值吗?评语的作用具有一定的即时性,此刻,当下。您的评语里让这个学生记住的不是前面的几句好话,而是"你上课不老实"的事实，家长看到的更是这学生怎么上课这么差，连坐都坐不好！

我不敢说这位学生会不会因为教师的"苦心"而受挫，也不敢说家长会不会因为这句评语而对孩子"拳脚相加"。此刻，我们不得不去思考：评语写作的目的是什么？

当我用这个话题向很多朋友求教的时候，答案主要有三种——

一是给学生一个学期的表现下一个结论性评定。

二是指出学生的优缺点，让学生明白自己的优点和不足，明白将来该如何"走路"。

三是沟通师生感情、家校感情。

评定，关键就在于一个"定"字。当很多事情成为已然之后，再把已然强化甚至标签化的意义是什么呢？很多学生或家长关心评语的唯一目的，变成了自己或自己的孩子在老师心目中是个怎样的学生。其实，无论您的学生怎样，它都是过往，都是已然，它代表不了也指向不了未来。

追问第二种答案：让学生明白自己的优点或不足，明白将来该如何"走路"。当学生走了一个学期之后，您突然告诉他："这是你的优点，这是你的不足，下学期要发挥你的优点，克服你的不足哟。"那么我想请问，平时您这个老师干什么去了呢？您为什么不在平时用学生的优点激励他不断前进，为什么不在平时就帮助学生改正他的不足，以利于他更好地成长呢？正如开篇的我朋友，既然您发现了这个学生有坐不住的毛病，一个学期都下来了，您为什么不去纠正他，为什么不在平时就完成对学生的改变，难道就是为了留到学期末写评语吗？肯定不是。这些友善的指出，都应该在平时就进行，而不应该放在评语里去展示。

对于第三种答案，就不需要追问了，因为这就是我们每个教师平时应该做的工作。很难想象，平时不和家长沟通的班主任是如何做好班级工作的。

很显然，如此做是没有明白评语写作的真正目的是什么。传统评定式要求使得教师很少去思考到底为什么去写评语，意念当中，这只是学期末必须完成的一项工作而已。

我们来看浙江湖州朱老师写给学生的一则评语：

> 你在军训感言中写道：军训，训的不只是军姿，练的不只是步伐，而是在烈日下抬头、风雨中奔跑、困难前微笑、挫折后不弃的精神。你写得真好！我也想送给你一句话：拥有梦想的人不做选择题，他们只做证明题。来吧，妞儿，用剩余的一年半时间来证明我的眼光，你永远是我喜欢的璐！

这是一则利用学生自己的话激励学生的评语，行文亲切、温和而有力度，属于比较优秀的评语之一。朱老师最让我们感到敬佩的是，她明白了评语写作的目的是为学生的发展服务。在这则评语里，朱老师在为学生的发展注入自信和动力。我相信，学生在看到这则评语之后，一定会振奋的。

是的，和其他所有教育行为一样，写评语一定要为学生的发展服务。如果写一则评语仅仅是为了评定，仅仅是为了沟通感情，甚或是用所谓的负责任来给学生贴上不好的标签的话，就没有多大的价值。教育不就是成全人、发展人和造就人吗？如果教育行为不能为教育目的服务，这样的教育行为还有价值吗？不言而喻！

如果再来理性思考，一如朱老师的评语真的能够为学生的发展带来动力吗？还是仅仅让学生看到这个评语之后自信了一下？仅仅一阵子而已。因为学生看到评语的时间是刚放假，而接下来一到两个月的假期，势必会减弱这份由评语带来的自信。

综上分析，我们可以得知：如果要评语发挥它的促进成长功能，就必须联通日常和学期结果。

怎样联通日常和学期结果呢？在实践中我创设了一种"秘密评语卡"。每天和学生们在聊天本里谈天说地，我就把学生日常交流中流出来的典型话语记录下来，填在一个"秘密"表格里。为了更好地说明问题，我以海权同学的评语设计为例：

海权秘密评语卡		
序号	日期	记录内容
1	9.5	换种活法，从现在开始。
2	9.24	"每一个不曾起舞的日子，都是对生命的辜负"，是我的座右铭。
3	10.16	看起来，别人也没什么了不起，只是我们看低了自己。
4	11.4	对不起老师，没有考到一本分数线。
5. 期中"秘密小语"（师写）	11.8	没什么大不了的，但也没什么"小不了"。我曾经历过和你一样的心路历程，但是我最终考得不错。
6. 我的未来畅想	11.10	我终于明白了"秘密"的含义。所谓的秘密就是回望轨迹，在回望当中人才会发现自己在哪里跌倒了。我知道我在不断自信的过程中，变得自大了。自己才是自己的敌人。用自信的态度，做细心的行动者。
7	12.4（师记）	下课后，自习课上我看到了他切换学科是那么的自然，这是一个严格执行计划的学生。
8	12.27	我读了奥格·曼狄诺的《世界上最伟大的推销员》，它教会了我如何塑造习惯、规划自己。每天读一章《羊皮卷》，内心满满的幸福。
9	1.10	就要期末考试了，忽然感觉没啥要复习的。

续表

海权秘密评语卡		
序号	日期	记录内容
10. 期末"秘密发现"（生写）	1.12	所谓水到渠成，就是只要踏踏实实做好每一天的事情，就会获得好的结果。正如梅老师说过的，走好脚下路，自然到天涯。想想这一个学期，我对得起自己，因为我取得了不错的期末成绩，更收获了沉甸甸的人生。

　　这个表格设计比较仓促，但取得了不错的效果。这是学生在一个学期内的心路历程，它无关老师的印象如何，更无关老师的评定如何，只关乎学生在自己的生活轨迹中发现成长的秘密。让轨迹揭示秘密，让秘密的阶段发现服务新的成长，这样就真实地沟通了日常和最终结果。更重要的是，这个秘密来源于自我，是来自灵魂深处的力量。这才是一个人最宝贵的成长。

　　诚然，您可以在这个理念的基础上创造性地设计。例如，您可以将记录语言和记录事件结合，可以在末尾增加"我的假期畅想"等栏目……

　　如果，您选择了和我一样的"聊天本"，不妨用用这个"评语卡"。

　　至此，我们的德育场似乎构建完毕了。其实，这只是一个开端，因为班主任要做的工作还有很多很多……

> 只有认识到德育生态构建是教学的前提，教学工作才能取得理想效果。如果以冰山比喻德育与教学，德育便是没入水中的那八分之七，而教学仅是上面的八分之一。

第五章 简约带班的另一种选择

喜欢一种美好的教育境地，如一首诗所说：

> 草在结它的种子
> 风在摇它的叶子
> 我们站着，不说话
> 就十分美好

一直追寻着这种教育的理想。还好，有了一条路，就是前四章向朋友们汇报的内容。我自认为这是一种简约带班方式，因为您只要紧紧围绕"让学生的灵魂温润起来"和"给予学生向上的动力"两个目标来做就好了。做好了它们，就从根本上解决了学生对"归属感"和"影响力"的核心需求，也就找到了走向理想教育的密码。当然，这

里有一整套基于学生心理的操作方式，简约但不简单。

所以，有些做法我们还需要了解，因为抵达理想的路径有很多条；有些理念还需要总结性重温，因为没有重温，就难以系统理解；有些方向还需要明白，因为明白了方向，才能更好地做教育。

第一节 线性德育是带班的另一选择

谁也不能保证自己的方法就是绝对正确的，所以我有向您推荐其他做法的必要。如果您要问我，最应该推荐的是哪一种？我会毫不犹豫地回答——线性德育。

一

"线性教育"。这是 2017 年 2 月 14 日晚我在苏州市新区实验中学的会议室里听星港学校王婷婷老师的发言后记录下来的一句话，我还把它发在了朋友圈。很多朋友在我的朋友圈留言，询问到底是什么意思。

那晚，王婷婷老师讲了她的一种做法——以一个公益事件为契机，由点成线，把公益做成了系列；由师生而家长，把公益做成了家校共营教育；由家校共营，链接"姑苏好人"，

联通了学校与社会；甚至还带领学生走进企业，也把企业拉进来一起做公益……

其他呢？王老师说，她没有做太多。没有做太多是不是就不够呢？

基础教育阶段，还有比让学生拥有一个"公益"的温润灵魂更重要的事情吗？您可以想象出过程中张扬学生个性、发挥学生创造力等，还可以想象出过程中学生们知识的丰盈、思维的开阔等。建立在温润灵魂基础上的个性、创造力和思维的开阔，还不够吗？您还要怎样好的教育呢？

王婷婷老师做得很简单，但对于教育来说，一点都不简单。她把点做成了面，而面就是教育本身吧。

二

线性德育，其实就是这个意思。以一个点，构成一条线，形成一个面。

你可能看到过很多这教育那教育的，男孩教育、女孩教育、情商教育、财商教育、职业生涯教育、传统文化教育……这么多，留给教育本身的是什么？

我曾在网上搜索过我们的教育目标是什么，结果有51条。真的需要吗？我特别想说：把问题弄简单或许更有利于做真实的教育。

自然，简约就是一种智慧了。

或许我们应该给学生的很多，如果我们一块块来做，面面俱到，谁也没那能力。设若我们守住了基础教育的基础性，是不是就可以找到一种以简驭繁的方法呢？

王婷婷老师找到了。

三

遇见昆山国际学校的江连芹老师后，我知道，她也找到了。她的抓手是"班级史记"。

进入江老师和学生们的"史记"之前，我就暗自赞叹：这是多么聪明的老师啊！让学生书写，并每天进行分享，分享的过程不就是凝聚班级的过程吗？从文字中我还读出，我读到的这本还不是第一本"史记"，那么包括其他几本的印刷和发行，不正是提升学生自豪感和构建向心力吗？

如此，您还要强调如何构建班级的凝聚力吗？不用，凝聚力会自然生成的。

于是，我不由得翻开了学生们的"史记"，走进了这个温馨而美好的班级——

　　大家拼尽全力，冲进食堂，队伍已经排很长了，他们都聚集在一个窗口，望着那最期待的星期一专属面条！一个窗口一次6碗，望着一个个满怀喜悦地端着窝着一个荷包蛋的一大碗面条的同学们从身边像一个个小蝴蝶飞起来一样地经过，我多希望现在就能拿到属于自己的面啊！（史官：周语馨）

梅评："窝着一个荷包蛋"，一个"窝"字，让无数人惭愧。学生，是咋想出来的？

如此，作为语文老师的江老师还需要整天强调如何写作文吗？当然，写作文是需要的，但我更能看出来，如果前一个学生写得这么精彩，后一个学生一定会想方设法超越前者的。是的，后面高弈、张若琪、朱昱琦、曹蕾等同学的记录，印证了我的预想。

让学生们爱上写作，原来是这么简单！

大早上，有不少同学即使睡眼蒙眬，似乎随时会倒下去睡着，也还是硬撑住。其实，我发现开学以来，我们都格外认真，毕竟初二很关键，谁也不想输。也许正如唐文栋所说的："学习使我快乐。"当然，这句话并没有在他身上体现出来。（史官：贾修铨）

梅评：教育，需要给学生们生长的力量。高大上的励志往往契合不上学生们的心灵，最契合的方式或许就是形象影响形象、心灵润泽心灵。这样的文字背后，就是一个积极向上的场、促进性的教育情境。对，促进性的教育情境，是让学生们灵魂拔节的最好情境，没有之一。

四

如果我继续引用"史记"中的文字并点评下去，甚至生发出来写成文章，恐怕将是几十万字。

个中美好还是留给您去品味吧。

但是，我还是想要再引用一点文字，换个角度引用——

> 严雯隽妈妈："今天的努力是为了将来的梦想成真。加油吧！"很喜欢这句有力的话。今天的一小步就是为了来日的一大步，每一天努力地坚持，都是在构筑梦想的摇篮。但凡有如此想法的人，必定是一个有想法的人，也是一个有目标的人，他的成功之路肯定比别人走得更顺畅。加油吧！

> 梅评：这点评，给力！其实，很多时候家长的助力，效果往往会好于教师。在借力家长这方面，江老师高明。

> 林千惠爸爸："黑色星期三""四大天王""熊学生"……哈哈，这位史官，语言幽默风趣。

梅评：林爸爸懂学生！把家长和学生放在同一个平面上，那该是多好的教育生态啊！

如果没有家长们的点评，这"史记"的效果是要打折扣的。还好，它有。

教育，需要家校合作；教师，需要向家长借力。但家长都有自己的一份工作，甚或有的家长并不十分情愿。如何借力家长，是很多人探讨过的问题。但是，你看江老师班的家长，怎么就这么自觉地被江老师"利用"了呢？

您懂的，是借力平台（"史记"）搭建得好、搭建得巧。"史记"中流淌的是学生所在班级的故事，而学生又是家长最关注的人。如此，家长们怎么会不心甘情愿"被借力"呢？

很多教师埋怨家长不配合，我想说："您搭建好让家长配合的平台了吗？"

如果没有，学学江老师也是蛮好的。

五

老子说："太上，下知有之。"

最高明的教师，学生是知道有这个人的，而这个人却不必整天在学生面前刷存在。亦如老子所说的"上德不德，是以有德"，真正的德行是感受不到的，真正的对学生成长的关爱，学生也是感受不到的。

但学生的成长是实实在在的事情。

"史记"里没有江老师的文字，但这些鲜活、灵动、温情、美好的文字背后，有一个大大的江老师。

六

有人说，把简单的事情做得不平凡是一种智慧。

我说，凡是不平凡的简单，都是大智慧。因为只有大智慧，才能够真正地化繁为简。

"史记"是简单的，"史记"这项事业和所能容纳的教育世界是宏大的。

学生们是美好的，江老师是智慧的。

七

祝福美好！

祝愿每一位老师都找到自己的路，如王老师的"公益"和江老师的"史记"。

第二节 德育场建设的文化理论溯源

不少朋友会说，与其讲一些大的道理，还不如提供一些具体的做法，这样一线教师就可以直接拿来使用。

其实，我的内心深处，并不想把一本书写成介绍经验或者具体操作方式的集子。因为这样，别人看到的都是具体的操作碎片，无法建构理论系统。学习操作碎片，就永远停留在碎片上；而掌握了理论系统，才会内心澄明，才会有更多的创造性发挥。

有创造性发挥地带班，带的才是自己的班；学习别人的碎片，则相处的是自己的学生而带的却是别人的班。

关于班级文化建设，也就是德育场的建设，您应该听说过不少论断。但至今，班级文化建设走的是近乎个人化的道路，具有非常明显的个体色彩。这就说明，班级文化的根本性东西，似乎还没有得到很好的厘清。

我很喜欢德国教育家赫尔巴特，他在其著作《普通教育学》中指出："教育学只有建立在科学理论基础之上才能成为一门科学。"班级文化建设如若成为科学，势必有些东西不能过于个人化。正如"百花齐放"，共性是"花"，然后才是百花齐放。班级文化建设也是一样，守住"科学"基础，个性化的展示才是教育的春光满园。

一、班级文化是什么

班级文化建设的"科学"是什么，我们都在期待答案。

班级文化建设的现实告诉我们，其实我们缺乏更好的答案。所以，要想得到更好的答案，应依次尝试着提出问题——

班级文化是什么？

这个问题不解决，就很难找到正确的班级文化建设路径。当然，我们要明白这个问题的核心词是"文化"，而"班级"是个限定语。解决这个问题之前，我们必须明白的是——

文化是什么？

请朋友们允许我和大家一起追寻"文化"的本义。

中国文化里，最初"文"和"化"是分开的。"文"，《左传·昭公二十八年》曰"经纬天地曰文"；"化"，《说文解字》曰"教行也，从匕从人"。由这两个意思出发，很多文化学者笼统地概括说"文化，就是通过强制手段达到经天纬地的目的"，突出了"强制性"。当下班级文化建设中，不少教育者总是认为班级制度建设也是班级文化建设的重要组成部分，甚至将其命名为"制度文化"，然后把具有某种特点的管理制度当作文化来研究。

当然，上述解说是把"文"和"化"两个本来不相关的字黏合在一起得出的结论。真正的"文化"本义恐怕不是这么简单的黏合。"文化"一词最早由西汉学者刘向提出。他在其所著的《说苑·指武》中说："凡武之兴，为不服也。文化不改，然后加诛。"这里的"文化"之"文"与"武"相对。"武"作为一个会意字在甲骨文里显示为人持戈行进的样子，指动用干戈以行军旅之事。这里"武之兴"是指为了征服天下而动用军事力量，这种力量可以被理解为一种物质力量。而与"武"相对的"文"则应该被理解为某种精神力量。所以，"文化"就是指运用某种精神力量来收服人心，使天下归顺。可见，中国固有的文化概念是运用精神训导和思想教育来实现统治者对国民的思想统治，柔性是其基本特征。

综上分析，我们大略可以得出这样的结论：文化是一种柔性的精神力量。

由此，"班级文化"这个词语就要分开理解："班级"是施事主体，而"文化"是用某种精神力量达成改变的手段。

关于"班级文化"，我们可以大略定义为：班级采取柔性方式达成班级成员改变的精神力量。

二、为什么要建设班级文化

很多朋友会认为这是一个无须回答的问题，谁都知道班级文化建设很重要。

但遗憾的是，道理谁都知道，而在工作实践中却容易走入两个误区：一是事实上意识不到班级文化建设的重要性；二是即使意识到了，也不知道建设什么和如何建设。

请允许我再重复一次和梓的那次对话——

> 梓有了自己的问询："俗话说，一颗猫屎可以毁掉一锅粥。我们班那 3 个让人头疼的学生耗尽了我大部分精力。梅老师，您说我该怎么办？"
>
> "你班上总共有多少学生？"
>
> "50 个。"
>
> "你为什么不把大部分精力花在另外 47 个学生身上，却在 3 个学生身上花费这么大精力？"我的问题，让梓愣住了，但只是短暂的一瞬。"因为一颗猫屎是可以毁掉一锅粥的啊，何况是三颗！"自然，梓没有任何看不起自己学生的意思，只是做了一个或许不恰当的比喻而已。

　　"你想想，为什么一颗猫屎可以毁掉一锅粥？或者说，一颗猫屎毁掉一锅粥的前提是什么？"我的追问，在他看来有些冷。

　　我知道梓没有想过这个问题，就只好主动谈了自己的理解："一颗猫屎可以毁掉一锅粥的前提是这锅粥是稀粥，而且越稀就越容易被毁掉。如果这锅粥可以变得浓稠些，猫屎毁掉的仅仅是局部；如果粥可以坚硬到如馒头一般，即使上面有一颗猫屎，把猫屎下面的那块去掉，依然可以吃，因为它并没有影响到粥的内部。如果你逐渐把粥变得稠了，你还怕猫屎吗？回到你的班级，如果你凝聚了那47个学生，剩下的3个学生还有折腾的空间吗？"

　　不知道把"粥"做浓稠的，不是少数班主任，而是多数。他们明明知道班级文化建设重要，却不去建设。

　　杨耕教授在《文化的作用是什么》一文中指出，文化有三种作用：传递文明、规范人的行为、凝聚社会力量。对于班级来说，班级文化建设至少可以规范班级同学的行为、凝聚班级力量。这两点也是班主任带班过程中最希望做到的。倘若班级同学的行为规范了，而班级又有了凝聚力，这样的班级就该是比较好的班级了。这就是班级文化建设的重要性。

　　接下来一位朋友的话，是值得我们深思的："我学习过很多班级文化建设的路子，尝试过各种班级文化建设，例如制度制定、'图腾'设计等，但是并没见有啥效果。"

这就体现出，这位朋友不知道文化建设的核心是什么，或者是不知道班级文化建设的方向在哪里。

这就涉及第一部分谈到的"达成班级成员改变"的精神是什么精神。

三、班级文化精神是什么

曾经，我们一谈及教育，总会说"没有爱就没有教育"，教育情怀被放在了最突出的地位。不可否认，没有爱就没有教育；但是如果只有爱，那也不是教育。只是，后者被太多人忽视了。忽视的根本原因在于过于强调情怀，而最直接的原因是我们缺少教育方面的科学。赫尔巴特所谓的科学或许我们一时难以回答，但是有一些基本常识却不能够忽视。对于基础教育来说，最基本的常识是基础，立足基础的教育才叫基础教育。基础教育最重要的工作就是为学生的未来打下坚实的基础。

这部分内容，有必要重复，所以，我才在这里重复。我需要让朋友们明白三、四两章的落脚点在哪里。

追问：什么是基础教育的基础？

这个问题无法直接问答，可以换个角度追问——

基础具有什么特性？

正如建一座房屋，最基础的肯定不是如何装修，而一定是打地基。因为地基不打，建得多好的房子都经不起地动水浸。所以，基础最基本的特性是"不可缺失性"。缺少了，就一定会出问题。

继续追问：基础教育，最不可缺失的是什么？

请允许我再次引用白俄罗斯作家阿列克谢耶维奇所写的《切尔诺贝利的回忆》中的文字来说明：

> 一位曾在二战期间德国纳粹集中营遭受过非人折磨的幸存者，战后辗转去到美国，做了一所中学的校长。

> 每当新教师来到学校，他都会交给新教师一封信。信中这样写道：

> "亲爱的老师，我是一名纳粹集中营的幸存者，我亲眼看到了人类不应当见到的情景：毒气室由学有专长的工程师建造；儿童被学识渊博的医生毒死；幼儿被训练有素的护士杀害；妇女和婴儿被受过高中或大学教育的士兵枪杀。看到这一切，我疑惑了：教育究竟是为了什么？我的请求是，请你帮助学生成长为具有人性的人。你们的努力决不应当被用于创造学识渊博的怪物、多才多艺的变态狂、受过高等教育的屠夫。只有在使我们的学生具有人性的情况下，读写算的能力才有其价值。"

上面问题的答案就显而易见了：基础教育最基础的就是让学生具有人性。而人性最本质的特征是善，是灵魂的温润。

试想，如果我们的学生具有人性，是善良的，具有温润的灵魂，那么校园欺凌、无视师长、不守规则等现象，甚至包括因为生活温度缺失而造成的各种心理问题，是不是会减少很多，甚至消失呢？

所以，班级文化的精神就是引人向善的精神。班级文化的特征之一就是用善和美好让学生变得温润、具有人性。

马克思认为"人的本质是一切社会关系的总和"，人性的塑建也要在各种社会关系中实现。班级文化的建设，其实就是构建人与人的关系，让人与人相互影响达成教育目的。如果每个学生都性善、灵魂温润，那么在班级"关系"中，每个学生就都会感到温暖，从而拥有归属感。

于永正先生说："如果说教育的第一个名字叫影响，那么它的第二个名字就叫激励。"如果说上述精神是影响学生的重要手段的话，那么教育还需要给予学生激励。设若"善与灵魂温润"构成的人性是一粒种子，教育不应简单地播下种子就结束，而要给予种子成长的力量。这就是于永正先生赋予教育第二个名字的原因所在。约翰·杜威在《民主主义与教育》中也提道："学校教育的价值，它的标准，就看它创造继续生长的愿望到什么程度，看它为实现这种愿望提供方法到什么程度。""继续生长的愿望"就是生长的动力。学校的价值和标准就是看学校多大程度上激励学生，为激励学生的想方设法到了什么程度。

人性塑造（温润灵魂的塑建）与动力给予（激励学生

的生长），应该是班级文化中精神的基础内涵。基础教育最应该围绕的两大目标应该为此。

四、班级文化怎样建设

为更好地回答"班级文化怎样建设"这个问题，请允许我引用两则材料：

> 1. 任何形式的恐惧都会损害心智、破坏敏感性、钝化感官，恐惧是人一直都在背负的重担。
>
> —— ［印］克里希那穆提
>
> 2. 译为"文化"的英文和法文单词都是 Culture，德文单词是 Kultur，它们都来源于拉丁文 Cultura，含有耕耘、耕作土地，种植、栽培庄稼，培育、饲养家畜等义。
>
> ——张岱年

第一则材料，哲学家克里希那穆提从反向说明，善良的人性应该在温润的氛围中养成，而非采用让学生产生恐惧的方法。任何形式的恐惧，包括我们通常所说的制度、管理、约束等，都会损害心智、破坏敏感性和钝化感官。第二则材料，"耕耘""栽培""培育"等词语更是直接说明，文化是用来培植、养护、培育的，是靠适宜的环境濡染的。班级文化建设就是学生在"人性"环境里濡染出人性，在"动力"环境里濡染出动力。

诚然，濡染的前提是文化环境。现在我们谈的问题是如何建设班级文化，这是濡染的前提问题。吴子青在《文化的含义与特征》中谈到文化具有"习得性"特征。这就告诉我们，班级文化建设是可以通过习得养成的。当然，这种习得就是通过一种或者多种抓手达成环境的营造、氛围的形成。据我多年观察和实践，班级文化可以通过两种方式让学生习得，进而养成班级文化。

一种是多抓手立体养成方式。以"晨诵""午读""暮说"为主的阅读方式，以夕会、班会为主的开会方式，小组结构建设、点赞等生态方式，三种或更多形式紧密结合，形成让学生习得"人性"或"动力"的立体场。

一种是单抓手线性养成方式。例如，杭州天成教育集团郑丽君老师的集美日记、南京外国语学校柳咏梅老师的班级史记、苏州工业园区星港学校王婷婷老师的班级公益等，都是通过一个简单的事件，把事作为点，连成一条线，铺成一个面，让学生们在一个集中的活动形式中不断延展、生长，进而习得教育者设定的文化。

这两种方式采用的都是马卡连柯所说的"教育儿童最好的方法是鼓励他们的好行为"，让行为影响行为、形象塑造形象。

关于上述两种方式，在这里有两点需要进一步说明。

其一，二者都是通过活动的方式构建班级文化的，但活动本身不是文化，它只是文化构建的手段。所以，对于当下某些学者提出的"活动文化"的概念，我不敢苟同。

其二，两种方式有一个共同的特点：目标聚焦。正如每一节语文或者数学课都有一个教学目标一样，课堂上所有的教育行为都应该围绕教学目标来实施。教师绝对不能因为教室里飞进一只鸟儿就打乱了教学目标，更不能抛弃本来设定的教学目标，而滑到另一个方向。班级文化建设也是一样，在特定目标落实之前，不能轻易丢掉目标，或者转向另一个目标，否则就会无效。

曾经看到过一个班主任设定的 9 月份班会主题：

周次	主题	设定原因
第一周	遵纪守规	开学第一周，需要进行基本的规范教育
第二周	学会学习	班级逐步进入正轨，要引导学生学会学习
第三周	健康生活	结合月末运动会，养成健康生活方式
第四周	祖国情怀	国庆节来临之际，让学生懂得热爱我们的祖国

这个表格看起来计划清晰、理由充分。但是，如果从文化养成的角度分析，你会发现四周有四个目标，而且目标之间关联性不强、跨度很大。

根据行为心理学，养成一种习惯至少需要三周时间。四周四个目标，显然难以养成一种习惯。如果用一堂课来比喻，假设三周为一个课时，那么这堂课的目标太多了。

"遵纪守规"还刚刚蜻蜓点水，"学会学习"就接踵而来，自然每个目标都落实不了。这就是当下班级文化建设表面上轰轰烈烈，实则效果甚微的原因之一。所以，好的班级计划不是安排某个时间做某件事，而是把目标设定好然后设置系列实践以促使目标更好地实现。

约翰·杜威在《民主主义与教育》中告诉我们："学校教育的目的在于通过组织保证生长的各种力量，以保证教育得以继续进行。"那么，班级文化建设的途径要旨就是通过组织保证文化落地的各种力量，以保证教育得以继续进行。

让所有的教育行为围绕设定的班级文化建设目标，是班级文化建设的关键。

五、班级文化建设是绝对柔性的吗

如果行文到此，而不继续下去，我想一定会有不少朋友批评：不以规矩，不成方圆。没有制度规范，就不可能有教育！

请允许我引用一下名家名言。

英国哲学家约翰·洛克在《教育漫话》里提道："世界上最具有高深学识、在任何科学方面享有大名的人，没有一个是在教师的管束下得来的。"也就是说，一味地采

取约束、管理甚至通常所认为的习惯养成方式来开展班级文化建设，可能会束缚学生的成长。

当然，我知道洛克的文字说服不了任何人。请允许我继续讲述下去。

不少教师可能还遇到了"管理无效症"。现在的学生个性越来越强，很多时候他们不太听从教师认为的管理。教师的管理被学生们认为是不尊重他们。简·尼尔森在《正面管教》中说："学生受自尊的水平越低，学生长大后的自律力越低。"也就是说，有时候管理恰恰会导致不自律。

但这不意味着班级文化建设是排斥制度规范的。当然，您明白我的意思，不排斥，不意味着制度规范就是文化的一部分，正如"我誓死捍卫你发言的权利"并不意味着"我赞同你的观点"一样。

回到西汉文学家刘向那句"凡武之兴，为不服也。文化不改，然后加诛"，如果把它译成现代汉语就是："圣人治理天下，会先用文德教化天下，再用武力征服天下。但凡动用武力征服天下的，并不会被人信服。先用文德治理但是改变不了的，就可以诛罚他了。"

与中国古代其他对"文化"概念的表述一样，它是与"武力""武功""野蛮"相对应的，它本身体现了"阴"和"柔"的一面。古代很大程度上是将"文化"作为一个动词在使用，它既与武力征服相对立，但又与之相联系，相辅相成。

所谓"先礼后兵""文治武功"，"兵"和"武功"是在"礼"与"文治"之后的补充，是治之无效的前提下使用的策略或手段。班级治理也是一样，文化建班是首要的，但是如果文化建班（当然前提是真的使用过了文化建班）仍然对某些同学无效，就可以采取制度规范了。

所以，班级文化建设中的"柔性"，不是绝对排斥"制度规范"，而是要在"柔性"无效的前提下再采取。

当然，不少朋友又会问：不是班级文化建设需要走文化和制度（约束）两条路吗？

这里，我们有必要探讨另外一个问题：制度建设是班级文化的组成部分吗？

六、制度建设是班级文化的组成部分吗

这是一个很严肃的问题。

前文我们提到过类似的话：就班级文化建设而言，某些专家学者主张班级文化包括物质文化（班级规章制度、"图腾"创设等），活动文化和精神文化（场域力量或软文化）。活动文化这一概念，前文我们已经分析，此处不谈。物质文化建设中的"图腾"创设，"图腾"不是文化，自然也无须多谈，此处亦不谈。

这里重点谈制度文化。

因为对制度的追求甚至极致追求，已经成为不少班主任所谓"文化治班"的重要特点。而他们恰恰对真正的文化茫然一片，只能简单地以班级"图腾"例如班名、班徽、班旗等取代文化，殊不知它们只是文化的手段，而非文化本身。

克里希那穆提有句名言："哪里有秩序，哪里就有谦卑。"这句话的准确释义并非因为有了秩序才是有谦卑，而是谦卑是秩序的前提。人只有到了一定的文化境地，才会出现相应的秩序。例如生活中，我们不是因为遵守"不要玩手机"的纪律而读书的，而是因为"喜欢读书"而放弃玩手机的。唐纳德·舍恩说"给儿童合理的理由"，如果不能够给儿童合理的理由，管束或者制度对儿童来说就是外在强制，儿童就会产生抗拒、自尊失落、心智损害、敏感性破坏、感官钝化等诸多问题。但是很多班主任在带班过程中，总是抱着"总有一些制度需要遵守，总要具备一些基本的规范"等观念在工作，他们认为理所当然、不需要解释，理所当然就是理由。

马兰教授说过："只有满足学生对归属感和影响力的需要时，他们才会感到学习是有意义的，才会愿意学，才会学得好。"让学生"愿意学"和"学得好"的前提是满足学生对归属感和影响力的需要。"满足"是前提，让学生遵守规章制度的前提也是"满足"，而非"应该""必须"或者"总要"。如果不以"满足"为前提，常规意义上的班级物质文化建设，会带来危害。这也是丹尼尔·平克所认为的管理 2.0 时代最大不足之所在。

再次审视刘向的表述就会发现，"兵"和"武"是"文化"之后的补充手段，不是"文化"的组成部分。

我这里想表述的是，真正的班级文化建设，是基于文化本身的建设，而非文化之外的建设。班级文化建设，文化是全部，活动或者"图腾"是手段，制度是最后的补充选择。

结束语

朋友们可能会问：这"柔性"文化带班会不会出问题？

我只想说，因为我们基本上没有科学地进行过真正班级文化建设，所以才不会真正地给予学生们温润的灵魂和向上的动力，所以才会问题不断。试想，倘若每个学生都是那么的善良温润，每个学生都是那么的积极向上，班级怎么会不好？何况，文化品位的提升会生成趋向理想的公约，公约的形成又会带来文化品位的提升，良性循环，班级就是进入了良性的发展状态。（注意文化和通常意义的制度规范的先后问题，还有生成与作为附件的补充问题。）更何况，王婷婷、柳咏梅、郑丽君等老师是实践成功了的。您试试又何妨？

第三节 德育场的构建仅是一个开端

2018 年底，武汉。

好久未见的学生旻旻端坐在我面前。无须套话，我就直截了当地说："旻旻，告诉我你带班的成绩如何。"

"分数，还是学生的个性发展？"

"学生的综合发展。"

"蛮好的，有四个学生在国际航模大赛中获奖，三个学生在市魔方大赛中进入前十名行列，还有国际象棋、围棋……"谈起她班上的学生，旻旻就滔滔不绝。的确，她班上几乎每个学生都有自己的一技之长，在武汉市她的班级也小有名气。

"教育，就是让每个学生都成为他自己。"旻旻总结道。她所研究的班本课程，的确可以发展学生的特长、张扬学生的个性。

"可是，旻旻，如果那个成为他自己的学生品行不行，该怎么办？"我反问道。

　　旻旻没有回答，似乎也没有想过这个问题。正如当下某些学校、班主任在追求校本课程、班本课程的时候，有没有想过这些课程本身就似建房子时的装修？一所房子设计、装修得再好，如果没有坚实的地基，是经不起哪怕很小的地壳运动的。

　　诚然，这也是很多年轻的班主任没有修炼好带班基本功而去学习所谓的先进理念最终却无法先进的根本原因所在。

　　"老师，那您说，什么才是基础？"

　　下面的内容，是我当时的回答：

　　"我们首先要界定两个概念：'教育'与'基础教育'。时下很多朋友动辄谈教育如何，而忘却了自己从事的是基础教育。'基础教育'的关键词不是'教育'而是'基础'。'基础教育'的'基础'才是工作的重点。

　　"这个'基础'是什么呢？就如农民种地，他首先要保证自己撒的种子是饱满健康的。为了让种子长得更好，他一定会给予种子成长的力量，例如浇水、施肥等。种子要保证根正，才可能苗红；生长要保证枝繁叶茂才是好的长势。教育一样，首先要保证教育对象成人，然后再给予学生成长的力量。塑造一个具有积极'向上'力量的'人'，才是基础教育最基本的任务。教育悲剧，是在成'人'上失位所致；学习状态不好，是在动力点燃方面着力不够。

"所以，以你所在的初中为例，我认为最起码初一年级你不要去做什么班本课程，不要去做特色培养。先要带稳班级，让学生成'人'，然后再为每个学生的成长注入动力。"

"那初二呢？"

"初二就可以开展你研究的班本课程了。正如你所说，班本课程就是为了让每个学生最大化地成为他自己。我之所以强调基础，就是因为，如果一个学生做人有问题，他越能成为他自己，结果可能越可怕；动力有问题，他也不可能更好地成为他自己。有'基础'做基础，才是有了保障。所以，班主任切莫'不打地基就装修'。"

"那，老师，班本课程就是班主任工作的终结吗？"

"当然不是！打好基础也好，班本课程也好，其实说到底就是班级的生态文化建设。我们很少会追问研究班主任工作到底是为了什么。有人回答是管好学生，有人回答是对学生进行思想品德教育，有人回答是让每个学生都身心健康，也会有人如你一样回答：让每个学生更好地成为他自己。"

"老师，那班主任工作是不是在解决人与人的关系？"

"是的。我曾经不自量力地为'课程'下过定义：所谓课程就是以人的发展为核心构建起来的人与人的关系以及人与知识的关系。

"班主任工作的核心是构建人与人的关系，让人在与人的相处中获得灵魂的归属感和价值的被认同感，从而建立起人与人之间的和谐共处、通力合作、积极向上的情态。一旦和谐共处、通力合作、积极向上的生态环境建立，即使不变革课堂，学生们一样可以学习得很好。以合作学习为例，我们所能见到的模式，总是在课堂上留一段时间并将其命名为'合作学习'。如果把人与人的学习生态构建好了，合作学习在课前就会发生，课堂上的合作学习就是组间的合作，而非组内合作了。"

抓住时机，旻旻又问道："那人与人的生态构建更重要了？"

"那还用说？如果用美国作家海明威的'冰山理论'来套，人与人的生态构建是冰山没入水面下的八分之七，而教学改革和教学评价改革只是水面上的八分之一而已。这就是班主任工作重要的原因所在。

"也就是说，构建人与人生态关系是为了与水面之上的八分之一结合，如此才是整体。所以，研究班主任工作不能仅仅满足于管好学生、思想教育抑或以班本课程为抓手的'让每个学生成为他自己'。因为离开了水面上的八分之一，冰山就不再是同一座冰山。

"所以，我们需要研究基于课堂的德育如何做，或者说以德育为基础的课堂如何做，例如如何让学生的自主学习、合作学习在课堂之前更好地发生，课堂上的合作学习又该是怎样的模样，又如何让自主更蓬勃，合作更有效。这样就构建了更好的人与知识的关系。"

看到旻旻的眼神，我知道我们找到了共鸣点，虽然这种共鸣不代表正确，只是代表了我们的思考。

"班主任研究是不是就三个阶段：带稳班级的基础阶段、个性发展的班本阶段以及人与知识关系的课堂阶段？"善于总结，或许就是旻旻成功的秘诀之一吧。

"你能保证学生们会有持续动力跟随你的节奏吗？"

"研究教育评价？"

"是的，正如美国合作学习倡导者斯莱文所说：'奖励结构是合作教学赖以提高学业成绩的最为关键的因素。'斯莱文的表述不一定科学，但至少表明了教育评价非常重要。只是我们通常把评价当作了衡量的尺度，然后根据这个尺度表扬或者惩罚或者分类，把每个评价对象置于被'烤'的位置。真正好的评价应该是'促进'的手段。"

"老师，如何'促进'呢？"

"这需要我们共同去研究。完整的班主任研究，应该是带稳班级的基础阶段、个性发展的班本阶段、人与知识关系的课堂阶段，以及促进持续前进的评价阶段。四位一体研究，才是班主任走向真正教育人的研究。"

第二天一早，我离开了武汉。

　　我一路上回味的都是交流的内容。正是这一场交流，让我更加理清了我对班主任工作的理解。真正的班主任工作，带好班级，或许只是开始。

　　我知道我的第六章应该和朋友们交流什么了。

"合作学习如果不是当代最大的教育改革的话，那么它至少也是最大的之一。"美国教育评论家埃利斯和福茨在其著作《教育改革研究》中如是说。可是，合作学习研究了那么多年却鲜见成功。这是为什么？本章将揭秘原因、提供方法，让您的学生学会通过合作学习成为更好的自己。

第六章 合作学习让分数与德育两翼齐飞

张晓风说："树在，山在，大地在，岁月在，我在，你还要怎样更好的世界？"

我也曾想：如果学生有了温润的灵魂和向上的动力，你还要怎样更好的教育？直到和旻旻的那次谈话后，我才深刻知道，我有谈谈"人与知识的关系"的必要了。

其实，在记录博客小镇和弘的交流时，我是略去了一个部分的。当我和他谈班级分组的时候，他忍不住问了一句："为什么非要分小组？"

第一节 为什么一定要合作学习

那是 2018 年的正月初十，在苏州的园艺小镇，我和宁波的一个朋友谈分小组的时候，他告诉我他所带的班就是分小组的，做什么工作都是以小组为单位进行。记得那天，我的一句话让他很不高兴。我说："分小组如果仅仅是为了做事情方便，那就太狭隘了，小组的主要功用是合作学习，做事情只是顺带的工作。如果丢掉了合作学习谈小组，是非常低端的管理思维，而非教育思维。"

所以，当弘说"为什么非要分小组"的时候，我就纠正了他："你应该问为什么非要合作学习。"

在这里，请朋友们允许我讲一段历史——

1957 年 10 月 4 日，苏联第一颗人造卫星上天，美国的教育首当其冲地受到了猛烈的抨击，许多人认为是因为教育的失败而造成了科学技术进步缓慢。从 20 世纪 60 年代中期开始，美国又深陷越南战争的泥淖——这场战争的缓慢拖沓、渐增的人员伤亡以及国内不断扩大的意见分歧导致美国国内反战运动勃发，并波及美国社会各阶层，以致美国全国陷入分裂和悲观中。

如果把美国比喻成一个班级的话，这个叫美国的班级出现了教学和德育的双重问题。美国的教育精英们开始向苏联寻找解决这两个问题的途径。（其实，1959 年，美国人就开始到苏联参访学习教育了。）当时，美国很多教育精英把目光投到了心理学家维果茨基身上。他们认为维果茨基的理论可以解决美国的教学和德育问题。

在维果茨基的认知发展理论中，最受重视的是他倡议的"可能发展区"（或叫"最近发展区"）的理念。所谓可能发展区，维果茨基的说法，是儿童自己实力所能达到的水平（如学业成就）与经别人给予协助后所可能达到的水平之间有一段差距，即为该儿童的可能发展区。

简单概括，可能发展区就是协作学习的效果减去自己学习的效果所得的差值。这个差值的出现，客观上表明了协作学习的效果是要好于个体学习的。以此为基础，合作学习于 20 世纪 70 年代在美国兴起，并在 70 年代中期至 80 年代中期取得实质性进展。合作学习是一种富有创意和实效的教学理论与策略。由于它在改善课堂内的社会心理气氛、大面积提高学生的学业成绩、促进学生形成良好非认知品质等方面成效显著，很快引起了世界各国的关注，

并成为当代主流教学理论与策略之一。

合作学习被推崇到这么高的位置，具有几个非常重要的原因：

首先，在实践中大面积提高了学生的学业成绩。从维果茨基对可能发展区的定义可以知道，通常情况下，合作学习的效果会优于个体学习。在我们的生活和工作实践中，我们也能获得比较直接的体验。

其次，合作学习改善了学习的心理气氛。合作本来就意味着大家有意愿在一起做某件事情。有共同意愿的合作背景下，大家在心理上是平等的、舒展的。更因为合作的过程是自己价值感的体现过程，也可以使自己在合作者的帮助下获得归属感。所以，合作学习的心理气氛，更有利于学习者的健康成长。

再次，有利于学生良好品质的形成。合作过程的本质是关系的调整，因为在合作中需要相互包容、相互成全、相互激励、相互妥协等，就需要不断调整自己的心理和行为模式以适应合作的需要。在包容、成全、激励和相互妥协的过程中，个人的良好品质就得到了很好的提升。

所以，合作学习既解决了学习过程问题与学习效能问题，又在广泛意义上解决了德育问题。这就是一直以来合作学习被不断实践、研究、推广的原因。

我国从 20 世纪 70 年代末、80 年代初开始引进合作学习，也曾在 21 世纪初的教育改革中大力提倡甚至推行。进入 21 世纪以来，涌现了不少名噪一时的名校，也基本上采取的是合作学习的方式。可是，我们却找不到几个成功的样本。

这是为什么呢？我以为，至少通常意义上的合作学习在以下几个方面是犯了错误的。

一是合作的结构方面。在本书第四章我们曾经分析过时下比较流行的分组方式，无论是把优、中、后三种类型的学生按照 1 : 1 : 1 的方式分组，还是按照 1 : 2 : 1 的方式分组，首要的一个前提就是优等生根本没有义务去教授其他学生，且"后进生"也不一定有向优等生请教的欲望。所以，这两种分组方式只能靠"捆绑式"评价来促使合作。殊不知，强扭的瓜，不甜！这就是合作学习不能延续太久或者是非公开课不合作的原因。

二是合作的目的方面。合作学习的最大优势在于合作的情境本身。合作的情境本身构成的心理氛围是解决学生心理问题的有效土壤；合作情境本身的关系处理有利于学习品质的形成，是解决德育问题的重要环境。我们一些学校在采用合作学习的时候，把学习当作了目的，合作当成了学习的手段，而忽视了合作是情境形成的最关键因素。

三是合作的时机方面。合作学习的发生，主要是由作为学习主体的学生主观意愿引起的。但是在时下的课堂教学中，合作的发生往往是另外两种情况：一种情况是，教师在授课过程中，突然来一句"请大家讨论一下这个问题"；另一种情况是，把课堂硬性地切分为"自主学习"环节、"合作学习"环节，再加上其他某某环节，在进入"合作学习"环节的时候，学生就得放下独立学习，走向讨论。所以，前者不管学生会或者不会都得"讨论一下"，后者那就是课堂程序的"必须"了。两种形式的所谓合作学习，都没有充分尊重学习主体的主观意愿，一个是完成授课教师的任务，一个是走完课堂固化的流程。

四是合作的层次方面。曾经有朋友好奇地问："为什么有些课堂把'自主学习'作为一个环节放在课堂上，这不是浪费时间吗？有些一节45分钟的课，自主学习就占据一半时间，怎么好意思叫高效课堂呢？"我是理解朋友的疑问的。因为自主学习，说得高大上一点叫前置性学习，说得通俗一点叫预习。所谓前置性学习，自然就是在正式上课之前的学习，所以也叫作预习，是为课堂学习做准备的。之所以把自主学习放在课堂上，是因为你不放在课堂上学生就不预习。这种情况的发生，是因为没有建立起课下学生自主学习的班级生态。如果班级学生有了向上的动力做基础，他们一定会在课前好好自主学习的。同样，如果有了温润的灵魂做前提，也会有部分的合作学习发生。这种建立在课堂之前的合作学习，我们命名为前置性合作学习。

它是合作学习的第一个层次，也是合作学习最主要的部分。一个课堂高效与否，关键在于主体性合作学习的品质。主体性合作学习之后依然无法解决的问题，需要放在班级层面跨小组合作。这种组间的合作学习，我们命名为终极性合作学习。组间合作的内容都是小组内部合作无法解决的核心难题，是终极性难题。

　　遗憾的是，时下的一些合作学习，完全不顾前置性合作学习，而是把合作学习的两个层次合成一个。结果是把本应属于"前置"的东西放进了"当下"，从而造成课堂的大面积低效。

　　正是因为时下的一些合作学习犯了上述错误，所以鲜见合作学习成功的案例就不是什么值得大惊小怪的事情了。

　　那么，怎样才能让合作学习真正地发生呢？

第二节 合作学习发生的基本条件

刘玉静、高艳在她们的著作《合作学习教学策略》中也揭示了合作学习的重要性：

> 教育的真谛应该是促进教学，即教师不是直接地教学生，而是学生学习发生的促进者。它以学习者为中心，认为积极的关系能促进人的成长，教学应当建立在人类关系而不是其他物质概念的基础上。

"教师是学习发生的促进者"，怎样促进呢？"关系能促进人的成长"，自然就是构建"人类关系"。最大的关键是这种关系是怎样的一种关系，这个问题不能得到很好的解决，教育就会依然如故。

美国管理学大师史蒂芬·柯维的理论对"关系"做出了很好的回答。他提出人际发展的三层次模型，最高层次就是互赖的关系。所谓互赖关系，就是成员之间具有的相互依赖的关系。合作学习的发生，不是按照教师的主观意愿分成小组（例如优、中、差搭配）就可以合作，更不是上课过程中老师一声令下就可以发生，而是只有建立在互赖关系基础上，才会真正发生。

我们在学习先进合作学习模式的时候，最大的忽视就是把分组方式、任务分配、过程组织等当作了重点，而没有把互赖关系构建当作重点。没有互赖关系的建立而幻想合作学习的真正发生，是不可能的。

所以，互赖关系是合作学习发生的基本条件。具体而言，需要四种基本的互赖关系。

第一种是结构互赖。在分组的时候，要注意构成学生与学生之间结构性的相互依赖。分组之后的天然一体性，注定大家相互协作就能效能最大化。结构性互赖的方式不同于通常认为的"组内异质"，因为"好、中、差"的搭配对于"好生"来说是不公平的（虽然教师会用讲几遍就学几遍的道理去给学生讲道理，而实际是学生已经会了，就没有必要再去多学那几遍），"后进生"也不会主动向"优等生"学习，如果知道主动，他早就不是"后进生"了。当然，如果是"性格、爱好"的异质，就是分组世界的奇观了。如何让学生结构性互赖，之前的表格中有所呈示，权作示例，此处不赘述。

第二种是情感互赖。结构性互赖，就如砌砖墙时上下

两层摆的砖一样，只是具备了成为一体的可能性，如果要真正黏合在一起，还需要有石灰、水泥的黏合。情感互赖就是一种黏合剂。如果说分组是合作硬件建设的话，那么首要工作就是形成情感上的小组认同，也就是小组的内部凝聚力。只有小组内部形成了团结合作的氛围，才能够发挥团队的力量、创造最大化的生长，并用小组形成的氛围改变个体学生。

关于情感互赖形成，主要可以采取三种手段。

一是小组"图腾"设计。可以通过设计组名、组徽、组训、组旗、组歌、组誓约、组杯、组帽等，增强小组内部凝聚力。必须要注意的是，并非小组设计了这些"图腾"就是凝聚在一起了。根据人的心理结构特点，要让"图腾"起到凝聚小组的作用，就必须拉长设计的时间长度。具体实践中我是这么做的：

第1～4天，让小组设计组名和组徽，第5天进行第一次小组文化评选，给前两名发荣誉证书。小组全体成员为了赢得荣誉会在设计小组"图腾"的时候尽力而为，紧密团结。在评选结束后，大家可以对组名和组徽不完善的地方进行修改，与下次的两个项目一起参加第二次评选。第6～9天让小组设计组训和组旗，评选内容是前四项。第10天进行第二次评选，修改同前。接下来，第三次、第四次……整个小组"图腾"我们设计了11项，评选共用时

55天。至于小组设计出来的"图腾"组合是什么根本不重要，重要的是这个合作设计过程。过程才是让小组成员凝聚的根本，而设计"图腾"只是手段。只重视"图腾"，而忽视了过程，这是很多所谓品牌小组或品牌班级建设的误区。

二是小组特色的开展。所谓"特色活动"，是指小组独创的不同于其他小组的活动内容。因为它的特殊，客观上就成了小组的得意之作，成了他们为之自豪的"小秘密"，自然也就成了凝聚小组内部关系的重要纽带之一。例如，我班第二小组就开展了一项"小组漂流史记"活动，由小组成员轮流书写小组中每天发生的重大或者有爱有趣的事件。

> 周末两天，我们早上7：30都要到讨论群里说一句"早安"，以表示我们早起。我现在起床，充满了动力与新鲜感，完全不想赖床。本来我以为我是第一个，结果有几个人不到7：00就说了"早安"。

上面就是第二小组记录的"漂流史记"中的一则，字里行间充满了对这种独特做法的自豪和与伙伴们一起学习的快乐。这不就是凝聚小组力量的最有效手段之一吗？

三是组间竞争的开展。在做班级层面的公共事务时，采取的是小组竞争制。具体做法是，首先由各个小组拿出本小组策划方案，然后6个小组的6种方案在班内公开招标，哪个小组的方案好，就采取哪个小组的方案，并给予相应评价。例如，班级要决定进行班级文化布置了，首先要征求方案，哪个小组的活动方案好，我们就采用哪个小组的方案。具体过程是：先让每个小组的个体成员拿出自己的方案；然后让每个人将方案汇聚到小组，形成小组方案；最后选取班级最佳方案。

　　为了让班级采用自己小组的方案，6个小组各显神通，都尽力凸显自己的创造力和别致之处。最终经过评选，我们采用了五组的方案：

　　　　A. 以绿色为班级的主体色调，让整个班级充满青春的活力，让生活其间的每一个人都感受到清新和朝气；同时也如五组文化，象征着青春、活力和希望，也象征着班级内部的纯净、和谐和唯美追求。

　　　　B. 在土黄色后墙橱柜上做一个大的背景墙。背景图片为一棵绿色的高大苹果树，"挂"上每个人的照片。大树寓意在同一棵大树下学习，我们是一个大的集体。每个人的照片做成苹果形状，寓意着一个个丰收的果实，也寓意着班级每个成员都将会成功的。

　　　　C. 在教室前后插头、电线管道特别多的地方订制两个书柜，挡住那些杂乱的东西。书柜的高度稍微低于旁边的参照物，以便书柜上放两盆小的绿植。这样既可以打造一个书香的班级，又使书柜不显得那么单调。

　　　　D. 教室空地放置6盆大的绿萝装饰。放置绿萝既可以净化空气、美化环境，又可以避免同学在空地处打闹，从而打造安静的教室。还可以让 6 个小组分别照顾一盆，通过照顾绿萝来增强小组内部的团结，也培养同学们的责任意识。

　　E. 班级公约和"感动小组 / 班级积分表"用绿色的贴纸，用班级日常活动照片做背景。这让别人一眼就能看出来，这是我们的班级，这是我们的活动。

　　F. 请书法家书写班级文化对联，张贴在两个大的立柱上。（如果家长有写得比较好的，就让家长来写，节省开支。）

　　G. 四周白墙用绿色主题的墙纸装饰，图案尽量多样化，避免呆板。4 个大窗户的玻璃上，也用活泼的绿色图案装饰，让班级有灵动的色彩。

　　H. 资金来源。先通过家委会向家长征求意见，看哪些项目可以少支出或者不支出，必须支出的部分，先由家长垫付，然后通过我们自己的能力赚取费用还给家长。

　　这个方案，因为过程"复杂"，所以呈现出来的结果也让人赞叹。在评选过程中，也增强了每个小组的内部凝聚力。

　　第三种是过程互赖。合作学习的有效甚至高效，一定要有学习过程的相互依赖。而过程有两个层面：一个是整体的统筹层面，一个是具体的操作层面。例如，在我的分组背景下，每个人都是组内某个学科的科代表。这几个学科之间怎样相互协调就显得特别重要，例如协调好时间分配等，这就自然构成了相互依赖的关系，因为就时间而言，此消彼长。所以，哪个时间学什么最有效，是需要好好统筹的。从具体操作层面，也就是怎么学层面，一个小组6个人需要协调分工。同时，要明确具体怎样协调分工才能使效果最大化，例如，选某个学科科代表做组织者是必须的，但是在科代表做了引领者之后，谁是主持人、谁是记录人、谁是错题收集人等，都需要明确分工。这样，在整个学习过程中，小组每个成员谁都离不开谁。

遗憾的是，在我们时下一些课堂里看到的所谓合作，只是"过程共度"，却看不到过程互赖，自然效果会大打折扣。

第四种是评价互赖。在合作学习中，评价互赖不等同于捆绑式评价。捆绑式评价带有一定的惩戒性质，而互赖的评价是促进性的。例如，某个小组某一个同学没交作业，全组都要扣分，就是捆绑式评价，它往往会制造矛盾。而某个小组的小组"图腾"设计进入了前两名，发给小组一个荣誉证书，这叫评价互赖，它往往会促进合作。例如值日，我们采取的不是通常大家使用的周几就是几组值日的方式，而是采取"承包制"。公开招标，3天一承包。哪个小组可以确保3天都是年级第一梯队，就承包给哪个小组。达成了目标，就发荣誉证书。经验告诉我们，这种方式下承包者基本上是可以天天拿第一梯队的。这个时候大家是为荣誉而战斗，就会科学分工、精诚合作。而每天一个小组轮流值日的方式导致的结果是，轮到哪个小组值日，他们会认为"又该我们值日了"，有一种任务感。一般情况下，某个小组不会因为进入了第一梯队而受表扬，因为那是他们的任务；反倒值日状况不好，会被处罚，从而导致小组成员相互指责和抱怨。

四种互赖关系的建立，是小组能够合作起来的重要保障。

第三节 理想的合作学习课堂样态

朋友们阅读到此，印象里一定有这样一些东西——

这是一个具有温暖灵魂的温暖而美好的集体；
这是一群有着向上动力的学生；
这是多种互赖交织的系统。

温暖而美好的集体，让每个学生都有归属感和存在感，确保每个学生都能健康地发展；积极向上的内在动力，让每个学生都懂得追求的意义，使每个学生都能最大化地成为自己；而多种互赖交织的系统构建，确保了合作学习的有效发生。

那么，有了灵魂的温润、向上的动力和互赖的结构系统为基础的合作课堂，理想的样子是怎样的呢？

我没有实践，因为我还找不到实践的土壤，只好在部分实践的基础上，做一点畅想。您可以说畅想没有意义，但我还是期望我的畅想可以给您一些启发。

那么，就请允许我畅想一下吧。

第一，组内合作作为课堂前置。课堂学习（请原谅我不用"课堂教学"这个词语，因为课堂是为学习服务的）是否高效，关键在于前置性学习的广度、深度和科学度。大家很容易理解，就如现在的课堂，学生预习的内容越多、越深刻、越科学，课堂上需要解决的问题就越少，解决的疑难也就越集中，自然也就高效。所以，理想的学习一定是前置性学习内容广、程度深又符合科学规律。因为有温润的灵魂、向上的动力和互赖的结构做基础，合作学习就会很好地发生，自然前置性学习的广度、深度和科学度就可以更好地实现。

第二，教学目标由教师整体统筹。前置性合作学习的发生，给了学生足够多的自主权，但这不意味着学生可以学到哪里是哪里，而是需要有统一的教学目标。因为前置性合作的比重加大，就意味着目标的呈现不可能是在课堂上，而是在前置性合作学习发生之前。这就意味着，在学习新知识之前，教师要在统筹整本教材的基础上，提前让学生知晓学习目标是什么。然后，学生的前置性合作学习才有了方向。有了方向的前置性学习，才能确保课堂交流时的相对集中。这其实是对教师提出了更高的要求，需要教师站在更高更远的立场上看待整本教材的学习目标。

第三，组间合作成为课堂常态。王晓春老师说："教师应该教学生的，应该是他们确实不会而有必要学且学得会的东西。"作为原理，这句话是对的。但是在现实操作中，每个学生不会的东西是不一样的，不会的程度也是不一样的。教师不可能把每个学生的问题都逐一加以解决，即使教师来整合学生不会的问题，恐怕也会很多。但以前置性合作学习为背景，每个个体不会的东西，就是有小组帮助解决的。这样，前置性合作之后，剩下来不会的东西，是一个小组都不会的。这样的问题就极具代表性，就有讨论和学习的价值，所以，课堂也就改变了当下课堂的目标设定。当下课堂，每节课都要设定一到三个教学目标；而以前置性合作学习为背景的课堂，学生有什么难题根本无法预设，所以目标不可能事先设定。这样的课堂目标只有一个：解决掉所有疑难问题。所以，课堂才真正高效了起来。

如果说前置性合作学习是小组内部的合作与交流的话，那么进入课堂学习阶段，小组内部是无法解决本小组内部问题的，就需要通过组间合作来解决。所以，此时课堂的本质就是组间合作。此时教师的角色有二：一是课堂流程的组织者；二是单独作为一个小组，以平等的姿态参与到合作中来，提升组间合作的品质。

诚然，这里有几个问题需要思考——

一是，小组前置性学习的形式有哪些？我是语文教师，我曾采取过让学生小组同备课一篇课文的方法。您还有其他更好的方法吗？可以思考一下。

二是，现行学校的课时结构要产生变化。要压缩课堂的时间，留出三分之二的时间交给学生进行小组内部的合作学习。那么，具体怎么分配一天的时间？在前置性合作学习占据大量时间的背景下，如何协调一周内诸多学科之间的关系？

三是，这样的学习方式，会导致学习教材的内容占据学生的大量时间，如何确保教材的质量或者如何发掘现有教材的学习价值？值得思考。如何在学习教材内容与课外内容之间做好协调？我在实践中做过将教材和姑苏文化结合起来的班本课程，您也可以思考如何衔接教材内容和课外内容。

行文到此，想起诗人北岛的句子："那时我们有梦，关于文学，关于爱情，关于穿越世界的旅行。如今我们深夜饮酒，杯子碰到一起，都是梦破碎的声音。"放弃梦想的人活得最不真实，他们要逃避现实，还要掩饰自己的旧梦早已破碎。

不做梦，就老了；做做梦，蛮好！

您，愿意和我一起做梦吗？

第四节 提升合作品质的几种策略

做过了梦，想给朋友们再补充点现实。下面，我分享一下提升小组合作品质的几种策略。所谓合作品质，包括合作的可持续性、合作积极性、合作智慧力以及合作的品位等，它是衡量合作学习发生发展的重要标志。

关于提升合作品质的方式，前面其实分享了很多，只是没有提出这个概念而已，例如，互赖构建是最基本的提升合作品质的方式。这里只介绍几种补充策略。

一是在失衡与平衡中持续。无论是我提供的分组方式，还是诸多流行的分组方式，大多遵循的是组间平衡的原则。有经验的您一定会发现，随着时间的流逝，组间平衡会出现疲态。任何事物都一样，如果一直处于平衡的状态，都不会获得最大化的发展，而"不平衡—平衡—不平衡—平衡……"的发展轨迹，才能确保事物发展螺旋式上升。为此，在班级小组内部凝聚力增强的前提下，如果要让整个班级生态良好地发展，就必须打破这种暂时的平衡。

在操作中，我们制定了小组之间的评分标准，例如这几条：

> 早晨到校后在教室门口相互拥抱的小组加 5 分；
> 早读效果最好的两个小组各加 5 分；
> 被科任教师表扬的小组加 2 分；
> 小组所在区域卫生没有被大家吐槽的加 3 分；
> 在班级活动中最有创意的小组加 5 分；
> 当选"感动班级人物"的小组加 5 分；
> 花草养护最好的小组加 4 分……

这些所谓的标准不刚硬，但能够打破小组之间的平衡。当然，只靠评分竞争不是我带班所追求的。为此，我在悄悄地打造"杰出小组"，从而打破小组之间的相对平衡。

于是，我找来了第五组的同学并谈话：

> 你们组是我看到的最好的小组之一，我希望你们组能成为我们班上的小组样板，成为承担我教育理想的样板。

然后，我从如何预习、复习、梳理，如何分工、协作、制订计划，如何抓住时间在最短的时间内超越别人等，对

该组进行指导。

果然，没过多久，五组就成了我们班级令人艳羡的小组。一次数学测验，在满分160的情况下，他们组的平均分达到了142分，这是一个让人震惊的成绩。只有我知道他们是如何计划、学习、互相帮扶的。

于是，在别人艳羡这个小组的同时，我又悄悄地找到了六组同学。当着六组全体学生的面，我分析了五组的劣势和六组的优势，揭秘了五组同学的学习方法，并给六组同学"指点明路"。于是，六组同学开始雄心勃勃地做超越五组的工作了。

在五组、六组学生开始在周末自发地预习、复习和总结梳理的同时，其他小组的学生发现了五组、六组优秀的秘密，开始纷纷来找我，要我给他们传授超赶他人的方法。我也是在给学生传授"秘笈"的过程中，看到了学生们你追我赶局面的。因为所有的评价都是针对小组的，所以在追赶的过程中又进一步增强了小组的内部凝聚力。

什么是最好的班级生态？就是团队内部凝聚力极强的班级层面生机勃勃的生态。在这种不断地构建平衡又打破平衡的过程中，班级走上了良性发展的道路。

二是在合作样例展示中激发。人闭着眼睛就看不到外面的世界，看不到外面世界的宏大就不会发现自己的不足。

提升合作品质，就要择时展出一些优秀的合作样例，让其他小组看到别人是怎么做的，从而反省自己或者主动借鉴别人的做法。

例如，有一次，我把五组的"小组漂流史记"加上了自己的点评拿出来展示：

> 今天（周六），我们小组一起学习。（梅评：了不起，周六还在一起学习。）心里满满的，有一种说不出的幸福滋味。（梅评：境界啊，谁感受到了学习的幸福滋味儿，谁就找到了通向永恒幸福的钥匙。）周五晚上我们就都完成了大部分作业。（梅评：整个小组有计划，而且是高效的计划，好！）周六的时候，我们俩都收到了妈妈一起去看电影的提议，但我们都拽拽地拒绝了，因为我们要预习。（梅评：这拒绝，果然拽！能够如此的拽，确实让我等由衷感佩。）今天，我们小组到凤凰书城学习，刷完了一个单元的习题。（梅评：先单元学习，走在大家的前面，这才是高效。）在书城学习真不错，一股书香气，周围的人都在孜孜不倦地读书，学累了还可以看会儿书。总的来说，和大家一起学习很舒心，效率也高很多。（梅评：这么幸福的事情，想加入你们。）

把五组的内容展示出来，起码有两点是对其他小组有启发的：小组合作学习计划制订、学习场所的自由选择。

当样例展示多了，小组之间的相互启发与借鉴也就多

了，自然合作品质会得到很好的提升。

三是在智慧借力中促进。力量可以有两种来源，一种是内在的驱动，一种是外力的促使。智慧的人，一定会懂得巧妙借助外力来促进自己成长的。

五组的"小组漂流史记"展示后，我曾经问过组员好为什么选择凤凰书城学习。她的回答体现了智慧："书城是一个人来人往的地方，我们在书城学习，别人就会投来赞许的目光——这是哪个学校的学生，周末还这么用功学习。虽然他们没有说话，但我们能感受到别人的目光。别人的目光，会使我们自豪。"让我更没有想到的是，好告诉我，他们在书城学习的时候，还会穿上我们的班服。这样别人在悄悄议论的时候，就会说："这个班的学生真厉害！"那自豪感就是倍增了。

诚然，这份智慧，我也会作为样例展示出来。别的小组也都在此基础上有了异彩纷呈的创新。

四是组间跨越攀高标。在我提供的分组方式中，其实每个学科的前六名在各自的小组内都是该学科的科代表。他们的学习水平是会直接影响本小组的学科成绩。例如，英语学科的第三名，在第二小组，理论上他怎么努力带领都很难达到第一名的高度。所以，这就需要打破小组界限，进行学科的跨组学习。这就是我们的学科教研组。也就是说，每个成员有两个身份：一个是本小组内的科代表，一个是教研组的研究员。

学科教研组的成立，激发了"教研员"们的学科自豪感和积极性，也能促进该学科的学习品质提升，从而带动学科学习品质的提升。

以上四种方法，是我实践过的，感觉效果不错。不妨，您也试试。

简约的力量

高速列车之所以比普通列车跑得快，是因为改变了靠车头带的传统，多节车厢都具有驱动力。教育评价就是驱动班级发展的一个个动力车厢。本章还原评价的促动作用，为班级发展找到了源源不断的动力。

第七章 为班级发展提供不竭的动力

"我搜索过'评价'一词的意思，'百度词条'的解释是'对一件事或人物进行判断、分析后的结论'，它的本质指向的是结论。"我对坐在对面的秦说。

如果不是秦邀约，我也不会来到花山隐居。青石板路架着山脊，两旁是遮天蔽日的参天古树，周围草木葱郁。古道清幽，潺潺溪水绕过碎石蜿蜒而下。古老的寂鉴寺很是寂寞，没有游客，只有三两个僧人在此苦修。

每隔一段时间，我俩就会找个地方，谈谈教育。有这样一个志同道合的人聊聊，蛮好。那天，我们聊的是带班过程中的评价问题。

第一节 评价本应是促进发展

"你的意思是，教育不需要评价？"

"当然不是，只是我们要明白评价的目的是什么。尤其是在基础教育过程中，注意，我这里说的是'过程'中，而且是'基础教育''过程'中，如果用评价对学生得出'结论'，那是非常可悲的。"他的话很长，有太多的强调点。我一时理解不了。

"您慢慢说，一句话里好几个重音，我已经晕掉了。"

"我所强调的'基础教育过程中'，是说在非选拔的情况下。选拔人才，当然需要考试和评价。如果不是选拔，那么我们常用的得出结论的评价，就有点反教育的味道。"这话依然有点绕。没等我插话，他就接着说："举个简单例子，每个学年结束的时候，学校都会进行'三好学生''优秀班干部''某某之星'等的评选，请问这个评选有什么作用？"

"当然是鼓励先进、激励后进，促进班级的整体发展啊！"我脱口而出。因为这本来就是不需要思考的问题。

"错，大错特错！这些都是我们自以为是的想法，而事实根本不是这样！"秦的语气很重。我知道他是个性情中人，一旦有了自己的发现，就会固执地以为自己是正确的。或许就是因为他有这份固执，才让他成为自己，成为一个有着自己独立思想和独特思维的人。"换个角度想想，每年进行年度优秀教师评选的时候，假设你是坐在台下鼓掌的人，你当时是什么心理？"

我没有回答，我怕自己说错，就只好等着他继续讲述。"你会真心实意地为他们获奖鼓掌，从而决心'我也要成为这样的优秀老师'呢，还是觉得'他们也不见得有多优秀'呢？如果你是在台上领奖的人，你会因为今天你领奖了就决心明天会更努力工作吗？如果这样对别人领奖的心理揣测有些'小人之心'的话，我对获奖者的猜测是绝对不会错的——获奖者并没有因为他获奖而决心更加努力，他获得的只是领奖时的快乐，仅此而已！"

我扪心自问，在内心深处认同了秦的说法，只是从未认真思考过而已，更没有从学生的角度思考过这个问题。期末评优，当少数人"当选"之后，那大多数人会是什么心理呢？失落或是不在乎吧。如果是失落甚至嫉妒，至少说明他还是有进取心的；如果是不在乎，那就说明他连进取心都没有了，这是更大的悲哀。自然，那少数获奖者，得到的也是领奖时

的喜悦，他们并不会因为得奖而更加努力。

我不知道，读到这里的您是如何思考的。

"其实，这种非选拔性评价，对没有领奖的学生来说，是一种伤害，更不利于整个教育氛围的形成，因为这种评价客观上造成了人心的分离。"秦的补充或许没有道理，当然，也许有道理。当教育被"或许"界定的时候，是不是教育者就应该停下来呢？因为，万一是伤害呢！

"何况，这些评选活动，都是放在学期末。也就是说，评选结束之后就放假了，至少一个月的假期之后，获奖的学生还会有领奖那一刻的冲动吗？如果说放在学期过程中，或许可以推动班级发展，而放在了学期末，真的没有多大作用了！"

"你这个家伙，说话就是太绝对。如果没有作用，为什么大家还都这么做呢？"

"两个原因：一是教育者以为有用；二是已经形成了习惯，每年都要评，今年不评不符合常规。"秦的话，应该会得罪很多人吧。我不去评价，但我喜欢听新鲜的东西。一直觉得，如果耳朵里听到的都是自己认同的东西，或许个人的发展就停止了；而新鲜的东西，或许是打开世界的一扇窗。如此，何不听听呢？

所以，我想继续听秦的讲述了。亲爱的读者朋友，真诚地希望您和我一起听下去。

接着，他给我讲了他认识的一位校长的故事。他没有告诉我校长的名字，只是说是山东德州的一位知名校长。

"在走进这所学校之前，我就听说这所学校三年前还不像样子，新校长到来之后，不到一年就面貌一新：全体教师的工作积极性大增，工作的创造性自然也得到了极大发挥。到第三个年头，这所先前不像样的学校，已经成为当地名校。于是，我就忍不住问校长：'你有什么神奇密码让学校在这么短的时间内获得了长足发展？'校长很憨厚地笑了笑说：'我根本不懂教育。'你知道吗，我当时非常惊讶，一个不懂教育的人如何能把一所普通学校打造成名校呢？但是，校长后续的话，让我改变了对这个问题的看法。校长说他不是干教育出身，他原来是乡镇干部，在撤乡并镇过程中，他失去了自己的工作岗位，就被调到了学校做校长。因为他自己不懂教育，所以他就不指挥教师做事。校长说：'但是，我知道只要教师有工作的积极性，学校就一定能搞好。'他说他总是想老师之所想，例如派学校后勤人员给教师接送学生，例如每年的春节他亲自为每个教师写春联……他说他总是不断地走近每个教师，了解每个教师的优点和特长，然后在不同的场合用不同的方式表扬教师；他说他总是给每个教师学习进修的机会……他说，这就是他把这所学校打造成名校的全部密码。"

"因为不懂，所以不去指手画脚。"

　　"因为校长懂得通过他的行为，尤其是通过了解每个教师的优点和特长并在不同场合进行表扬的方式来调动教师的积极性，所以他成功了。所以，教育的评价，不应该成为丈量人的尺度，尤其是不能成为丈量学生的尺度，它应该是促进的手段——促进生长、促进合作、促进综合素养的提升等。如果教育评价不能起到促进作用，在非选拔性的教育过程中，不要也罢。"

　　我不知道该怎样评价秦的话，却隐隐之中觉得他在讲述着正确的道理。

　　我不知道此刻的您是怎样的心理，我是愿意听他讲下去的。

第二节　促进性评价的三个要点

和秦聊天从来不累，他总能用故事告诉我道理。

例如接下来的故事，其实是告诉了我另一个道理。

"那次，我去一所学校听课。那是一节历史课，进行试卷讲评，采取的学习方式就是你我主张的合作学习。开课之前，教师在黑板上写上小组名称，我知道他是要通过学习过程的评价给每个小组打分，调动小组之间的竞争。的确，竞争非常激烈，课堂非常热闹。但是，听着听着，我就听出了诡异。"

"诡异"，这个词儿调动了我的兴趣。

他告诉我，教师评讲的是这样一个题目——

公元 1661 年＿＿＿＿收复了台湾。

　　A. 郑成功　　B. 戚继光　　C. 熊廷弼　　D. 俞大猷

然后教师说："请各个小组讨论一下，这个题目正确的选项应该是哪个？请说说理由。"

接下来，全班讨论声起。大约 1 分钟之后，教师问："哪个小组选一个代表回答问题？"这是"合作学习"的套路。当然，问题抛出之后，所有的小组都举手准备回答问题。于是，教师点了一个小组的代表回答。该生回答说："经过我们小组讨论，我们一致认为应该选 A，郑成功。"教师此时给该小组加了 2 分，然后继续追问："你能解释一下，为什么是郑成功吗？"

那个学生解释不了。于是，教师接着问："哪个小组可以解释一下，就给哪个小组加 3 分。"两分钟过后，依然没有一个小组可以解释为什么是郑成功。课本上是这样记述的——

> 1661 年，郑成功率领 25000 名将士，乘坐 400 艘战舰从金门出发，横渡台湾海峡，抵达台湾岛南部，登陆后受到数千当地居民的热烈欢迎。荷兰军队分水陆两路反攻。郑成功指挥军队迎击，在海上击沉荷兰战舰，在陆路迅速占据重要渡口，把敌人包围在赤崁城和台湾城两个孤立的据点中。赤崁城的荷军看到坚守无望，向郑成功投降。随后，郑成功对台湾城采取长期围困的战略，并多次打败荷兰的海上援军。1662 年 2 月，经过 8 个月的围攻，郑成功发动总攻，荷兰殖民长官被迫投降。至此，被荷兰侵略者占据了 38 年的台湾，重新回到祖国的怀抱。

"这里我特别想说明的是，这就是最典型的伪合作。为讨论而讨论，根本不考虑所提的问题值不值得讨论。当然，这个不是我要和你交流的主要问题。"接着秦给我讲述的内容，让我颇有收获。

下课之后，他拉住冠军组的一个小男孩问："你们组获得了冠军，老师有什么奖励没有？"

"什么奖励？"小男孩很是疑惑。

"就是老师发奖状、奖品等。"

"没有啊！"小男孩毫不犹豫地回答。

"没有奖励，那你们课堂上争那么激烈干吗？"

"公开课呀，平时我们又不这么上课。"

秦讲到小男孩的回答时，我的脑海里出现了一系列类似的公开课：过程搞得轰轰烈烈，也有了评选的结果，但却没有"落点"。

"教育评价，一定要有落点，落点是学生持续参与的基本动力。"秦的总结，让我明白了许多。

"斯莱文在《合作学习与学生成绩》中说'奖励结构是合作学习赖以提高学业成绩的最为关键的因素'，教育评价如此重要，的确值得我们认真思考。"秦说。

其实，我知道，没有落点的评价还是少数的，总感觉秦的这段讲述价值不大。

"我知道你脑子里在想什么，"还没等我说话，他就

开口了，"你一定在想，有落点的评价我见多了，但学生的学业成绩也没见提高啊！我再给你讲一下德西的索玛立方块科学实验。"

实验是这样的：美国心理学家德西把由大学生组成的被试者分为A组和B组。每个被试者每天参加一小时的实验，连续3天。每个被试者的桌子上放有7块索玛立方块、印有索玛立方块所拼图形的三张图片和几本杂志。第一天，两组成员都按照图片所示来拼索玛立方块。第二天也是一样，不过换了新的图片，但这次德西告诉A组成员每拼好一个图片上的图形就给他们1美元，B组不会有任何奖励。第三天，两组都不会有任何奖励。

组别	时间		
	第一天	第二天	第三天
A组	无奖励	有奖励	无奖励
B组	无奖励	无奖励	无奖励

每次实验过程中，德西都会暂停实验，出去的时候会说："我要离开几分钟，我不在的时候你们想做什么就做什么。"其实，他是走进了另一个房间去观察被试者会做什么。结果，第一天两组没啥差别；第二天，B组的表现和第一天差不多，但A组突然兴趣大增；然而，第三天，从没有得到过奖励的B组花在索玛拼图上的时间比前两次长，但A组，也就是之前

得到过奖励的小组，花在拼图上的时间明显减少。

　　德西的实验揭示了奖励只能带来短期的爆发，其效果会逐渐消失。更糟糕的是，它降低了人们继续这项工作所需的长期积极性。

　　"即使评价有了落点，也不一定会真正起到激励的作用，德西的实验告诉我们，还可能起到相反的作用。"

　　说实话，谈话到此，我脑子里的疑惑就越来越多了："那怎样才能让评价有效呢？"

　　"多点评价。"

　　"不懂。"

　　"你本来就懂，因为你已经在做了。"秦的话让我受宠若惊，"你真的已经在做了。你说过，学生班会课方案被采用了你发荣誉证书，打扫卫生连续三天年级第一梯队你发荣誉证书，小组有人当选'感动班级人物'你发荣誉证书，考试成绩优异你也发荣誉证书……这么多角度多层面地发荣誉证书，就是多点评价啊。你虽然说不懂，但是你做得符合科学。"

　　我不知道是不是科学，只是本能地在做而已。

　　这也就说，评价要多样性。

　　"但是，即使评价多样性了，评价也不一定起到作用。"秦的这句补充，让我有些傻眼了。我不知道在他的脑海里，评价到底有多深奥。

"我记得你给我讲过一个故意迟到的学生的故事。"

这个故事我记得很清楚，那年带高二某班语文，该班有个学生每天都迟到，我于是好奇地问他："你怎么每天都迟到啊？""因为我迟到一次，班主任扣我个人量化分5分，扣40分警告、60分开除，我都扣了超过40分了，我就故意迟到，我就不相信因为一个迟到他敢开除我！"

他的理直气壮是我无法理解的，但他故意迟到却是事实。后来我就讲给了秦听。

"这就是'批评无效症'，"这肯定是秦自己的命名，"当然，也有'表扬无效症'。你有没有见过，奖状发多了，学生就无所谓了，甚至会把奖状丢进垃圾桶？"这也是真的。不知道什么时候开始，奖状变得越来越多，学生对奖状的在乎程度却越来越低。

"那怎样才能避免这'症状'呢？"不得不问的问题。

"这'症状'不包括'批评无效症'，因为批评多了，无效是自然的结果。我们只关注'表扬无效症'怎么解决。"秦的这句补充，我是喜欢的。不管您是否赞同，我以为在构建了前面所说的班级生态之后，批评基本上用不着。当然，我以为的不一定是正确的，我只是用我实践过的，给出我自己的结论而已。

当我急着想知道如何避免"表扬无效症"的时候，秦却岔开而去讲述另一个话题了。他说："你知道吗，评价还有层次。"

这个，我也真不知道。

"一个企业家说过：'领导是照顾人的，不是照顾事的。如果领导照顾事，下属就琢磨人。'这就是说，管理是有层次的。一个管理者手伸到什么层次是有讲究的。还记得咱们刚才聊的那个乡镇干部做校长的事吧？如果这个校长天天走进教室去听课，你觉得他还能成为好校长吗？不可能。我从来都不认为一个天天走进教室听课的校长是好校长，因为术业有专攻。何况，很多人的心理就是唯上的，只要领导一说事，他就开始琢磨领导喜欢啥，心思就离开了做事本身，转向了琢磨人。带班也是一样，班主任也不要事无巨细什么都问。班主任就是一个班级的'领导'，你的手也不能哪里都伸。你最多能评价到小组层面，至于小组内部怎么评价，那是他们的事情。"

"为什么班主任只能评价到小组层面呢？"

"记得我们交流过，德育说到底就两个字——'关系'，处理自我与自我的关系、自我与他人的关系、自我与自然的关系。每让学生多一次处理内部关系的机会，就等于给了学生自我成长的机会。班主任评价到小组层面，恰恰给了小组成员协调内部关系的机会。这就等于给了他们一次成长的机会。

"诚然，这个评价到小组层面不等同于捆绑式评价。

捆绑式评价的默认前提是'不这么做就会出问题',而评价到小组层面的潜台词是'大家都可以做好,我们只是选出更好的'。捆绑式评价是以牺牲优秀学生的部分发展可能为代价的,评价到小组层面是以促进小组合作为目的的。"

似乎有些道理,但我惦念的还是怎样避免"表扬无效症"。

但秦却停下了讲述,拿起了面前的茶杯。他和我一样,不喜欢用一个茶壶烧水,然后把开水倒进放着茶叶的过滤壶,然后把茶水倒入小杯子,然后小口小口地品……我们都喜欢的,就是一人一个透明的玻璃杯,倒满开水,放入江南的碧螺春,看它们在沉浮中溢满绿意。

人生如茶,不被烫过,又如何清香四溢呢?

第三节　班级动力不竭的三种策略

"憋坏了吧？"这个家伙，他知道我在等待什么，却故意绕了个大圈子。我也知道，他的绕圈子是为了让我明白评价的层次性。

"你有没有听说过一句俗语'火车跑得快，全靠车头带'？"启发式教育是秦的习惯。这我当然听说了。"你知不知道普通列车中最快的特快列车时速是多少？"

这个，我真不知道。

"160 公里 / 小时。可一般的高速列车随便一开，时速就是 250 公里 / 小时以上。如果多点评价有用，是不是车轮子多就跑得快呢？当然不是。高速列车之所以跑得快，不是全靠车头带，而是有很多动力车厢。以 8 节车厢的高速列车为例，它的动力车厢有 4 ～ 6 节，平常运转时只用 2 ～ 3 节就可以超出普通列车中的特快列车很多了。所以，想让班级发展有活力，就必须让每一张荣誉证书都起到驱动作用。"

我豁然开朗。

怪不得秦说我的做法符合了点科学。我的学生之所以在乎荣誉证书，就在于发放的每张荣誉证书，是可以在学期末兑换成实实在在的期末优秀的。和别人不同的是，我的优秀班干部和三好学生等的期末评选，不采用投票的方式，而是采取积分自动生成的方式。到学期末，学生把得到的荣誉证书都拿过来，折算成积分，根据积分的多少自动生成优秀。这样，学生就非常在乎每个证书，或者说，每张证书都成了驱动班级这辆高速列车的驱动轮了。

倘若每张证书都能成为班级发展的驱动轮，那班级就会动力十足。但，评价，远没有这么简单。

"如果说每一张荣誉证书的发放是一个小落点的话，学期末的兑现评优就是大落点。这就告诉我们一个道理——评价，要有一个螺旋上升的体系做支撑。如果评价是在同一个平面上滑行，就会产生'表扬无效症'。当然，这也是被很多优秀的班主任重视了的。例如，有班主任发明了'班币'体系，分—角—元—5元—10元—20元—50元—100元；例如，有班主任发明了'成长树'体系，树根—树干—树枝—树叶—大树；等等。这些班主任的优秀做法值得借鉴。但是，这种上升的体系也会产生'表扬无效症'。以'班币'为例，无论面额多大，它的实质就是一张代币卡片。如果学生认定了'卡片'这个本质，无论面额多大，都无法激起学生对它的兴趣。"

"我也没有这个逻辑啊，前面的荣誉证书发放就是平行式的，只是在最后用于评优才算做了一些提升。为什么我的班级就可以发展动力十足呢？说实话，我不比人家的'班币''成长树'等更优化，但我的班级没有出现'表扬无效症'啊。"

"因为你的'评优'不仅仅是评价的上升，而且实现了由证书到优秀学生的变化。也就是说，证书是证书，而评选后的三好学生、优秀班干部等具有了实体性质，它们就不再是同一物种的感觉了。这么说可能有些抽象，以'班币'为例，无论是多大面额，它都是模拟出来的货币，并不能用来买东西。如果这些模拟出来的货币可以用来兑换实体的物件，那么它的面额就有了真正的实用价值。由抽象的替代物向实体物转化，才会使评价的驱动作用真正地发挥。"

聊到此刻，已是半个下午。一直做聆听者的我，思路逐渐被打开了："秦，由抽象的替代物向实体物转化，会使评价的驱动作用真正地发挥，我觉得还是有些绝对了。"

"绝对了？"这次轮到他惊讶了，"难道你还有更好的方式？"

"假设你是一个北京人，有一天我告诉你说跟我去苏州吧，苏州有个金鸡湖，金鸡湖里有个桃花岛，桃花岛上有美女黄蓉和帅哥郭靖，还有武功秘籍九阴真经和降龙

十八掌。请问，你跟我去苏州吗？"

"去啊，这么好事，谁不去啊？"他丝毫没有犹豫。

"那好，你跟我走。假设咱从北京南站乘高铁，你到了德州东站，还没看到桃花，你跟我走不？可能走。继续，咱走到曲阜东站，还没有桃花呢？可能还走。继续，我们走到南京，你还没看到桃花，你会不会产生一丝怀疑——这个家伙会不会是骗子？当然，你可能还跟我走。等咱们到了金鸡湖边，你还是没有看到半株桃花，你还跟我走吗？此时，估计你就产生怀疑了。你是知道的，正能量的构建很难，但负能量的传递速度却相当快。就如学期一开始，我告诉学生说，大家放好我发的每一张证书啊，学期末评优我们要兑换积分对应评优的。你说学生会信我吗？或许会。但是从学期初到学习末的距离就仿佛从北京南到桃花岛的距离，太遥远了。如果中途有一个学生怀疑，他还会在乎吗？你的驱动班级发展的目的还能实现吗？"

"你说得也对啊，我倒没想到这一层。"我和秦的交谈往往这样，总能互相追问，又互相启发。这也是我们定期私聊的原因所在。

"要想让别人相信桃花岛上的各种美好，不是单告诉别人岛上有美女帅哥和武功秘籍，而是更要让别人看到一路桃花，而且是越来越多的桃花。就是你刚才说的，螺旋上升的体系。关键是，如何让人一路看到桃花呢？因为这一路的桃花才是动力的关键。我们可以采取中期兑换制度。我们依然以小组层面的评价为例，如果某个小组可以拿到 7 张荣誉证书，可以兑换某种东西，例如苹果，这个时候，苹果就不是替代物了，而是实体物，所以学生在乎，可以驱动班级发展。如果拿到 8 张荣誉证书，就可以兑换一碗兰州拉面，也可以驱动班级发展。这里从苹果到兰州拉面，遵循的是上升的趋势。以此类推，兑换的东西越来越珍贵。"

"你这么说我就不同意了，这兑换的东西从哪里来？收班费吗？还有，这种趋势下去，最后兑换的东西岂不是很贵？负担不起啊！"

"你能不能听我说完！如果你用 7 张证书兑换了苹果吃，若想吃到兰州拉面，就得再拥有 8 张证书，因为前 7 张证书的兑换功能消失，但到学期末的积分评优功能保留。这就会产生两种情况：第一，如果吃了苹果，又吃兰州拉面，需要 15 张证书，而 15 张证书的兑换物将是非常非常珍贵的，如果中途兑换了，似乎不太划算；第二，不兑换苹果和兰州拉面等，一个个证书积累，可以到学期末换到超级实物。所以，所有的小组都会选择中途不兑换，而是到学期末统一兑换。"

"哈哈，这种方法不错。这么运作下来，班级一定会动力十足、成绩斐然。"秦有些兴奋了。

"其实，这个过程还有两个好处：第一是培养了学生自我控制欲望的能力；第二是小组内部总会有人想兑换、有人不想兑换，这就提供了小组内部处理关系的机会，也就给了学生一次自主成长的机会。"

"难怪陶行知先生说'处处是创造之地，天天是创造之时'。其实，事事是教育之事，时时是教育之时啊！"

感慨之余，我想起有一件事情没给朋友们交代——

班主任评价到小组层面，而学期末的评选优秀班干部、三好学生等是落实到个人的，二者如何统一？

朋友们一定记得，我们说过德育说到底就是"关系"，而最重要的关系就是处理自我与他人的关系。评价到小组层面的荣誉证书是小组层面的积分，假设积两分；而小组成员内部也会有他们的评价机制，也会有小组证书发放，假设积一分。这样，二者一结合，就落实到了个人。

诚然，到这里一定有不少朋友问：小组内部的评价机制，会不会是严格的管理机制？我只是提醒朋友，我们正在谈论的问题，是以温润的灵魂和向上的动力两大特征兼具的班级生态为背景的。

当然，如果再有朋友追问：如果这个生态建立不起来呢？

我只好回答您说：回头看看前面的内容，您会找到建立起来的方法的。

只是和朋友们开个玩笑而已，我知道，您已经懂得了如何建立这样的班级生态了。

第四节 促动班级发展的核心方法

智慧如您，读到这里一定发现了一个问题——

其实，我们上述的评价方式，遵循的其实是"如果……那么……"的潜在结构模式。例如，"如果你们小组的班会方案最好，那么我们就采用你们小组的方案，发给你们小组荣誉证书"。

这其实是驱动力2.0时代（驱动力1.0时代是指基于生物本能的驱动，例如饿了找食物、渴了找水喝等）最典型的评价潜在结构，也是时下最常用的结构模式。如果运用不当，就会造成表扬或者批评的无效。而真正驱动人发展的最核心的力量应该是内在驱动力的激发。

如何才能激发人的内在驱动力呢？

再次回到马兰教授的话：只有满足学生对归属感和影响力的需要，他们才会觉得学习是有意义的，才会愿意学，才能学得好。

　　所有学生的"愿意学"，根源必然在"满足学生对归属感和影响力的需要"，也就是构建好我们所研究的班级生态。如果学生有了"愿意学"的动力，就会"学得好"，班级的发展就会真正健康而动力不竭。

　　但愿这节，您不当作是多余的。

班级如果各种模块都固定了下来，是一个班级的成熟，往往也是一个班级的风险。学生的审美疲劳会使他们觉得班级生活少了新鲜的味道。所以，保持班级新鲜感，是使带班由稳走向理想的重要选择。

第八章 从优秀班级走向班级的理想样态

作家韩寒说："我们听说过很多人生道理，却依然过不好这一生。"我们听说过也读到过很多优秀班主任的做法，可是一旦用起来却困难重重，总是做不到自己想要的模样。一个很重要的原因就是优秀班主任都是在打好"地基"之后再"建设"和"装修"的，如果你没有学到优秀班主任打"地基"的方法却试图采用他们"建设"和"装修"的路径，带不好班级也就不奇怪了。

所以，所有的理想班级建设，一定要从带稳班级开始。

第一节 优秀班级会不断保持新鲜感

细心的朋友一定能够发现——

按照我们前面的分析，带好一个班一年时间就够了。上学期聚焦于温润灵魂的构建，下学期聚焦于向上动力的给予。两个学期一结合，就是完美班级。

的确如此，再次遇见梓，是他专程从成都来苏州找我。他问我的问题是：以初中为例，一学年就把班带好了，接下来的两年该做什么呢？

当然，梓是知道的，一年带班就一劳永逸的事情，是不会发生的。

朋友们一定有这样的经验：一开始，甚至一个学期班级都带得好好的，可是后来却问题重重。

这是为什么呢？因为班级缺少变化。即使是已经构建了温润灵魂和积极向上动力的班级，如果以评价为核心的驱动系统出了问题，同样会问题重重。当然，这也就说明，如果以评价为核心的驱动系统没有出问题，那咱们的理想教育生态自然是生机勃勃的。

　　所以，我们接下来谈论的内容，是以驱动系统出问题为背景的。如果是按照咱们前面聊的东西去做的，而且动力系统运转良好，下面的内容您可以省略不看，直接读最后一章就可以了。如果出了一点问题，那就接着读吧。

　　"请允许我先从破窗理论说起。"没经过梓的同意，我就开始说了，"美国斯坦福大学心理学家詹巴斗曾做过一项试验：他找来两辆一模一样的汽车，一辆停在比较杂乱的街区，一辆停在中产阶级社区。他把停在杂乱街区的那一辆的车牌摘掉，顶棚打开，结果一天之内就被人偷走了。而摆在中产阶级社区的那一辆，过了一个星期也安然无恙。后来，詹巴斗用锤子把这辆车的玻璃敲了个大洞，结果，仅过几个小时，它就不见了。政治学家威尔逊和犯罪学家凯琳依托这项试验，提出了破窗理论。理论认为：如有人打坏了一个建筑物的窗户玻璃，而这扇窗户又未被及时修理，别人就可能受到暗示性的纵容去打烂更多的窗户玻璃。久而久之，这些破窗户就给人造成一种无序的感觉。在这种公众麻木不仁的氛围中，犯罪就会滋生、蔓延。"

　　"我实在想不出来你说这个理论有啥用。"梓的疑惑，恐怕也是很多朋友的疑惑。

　　"很多人看到破窗理论，首先想到的是如何防止'第

一块玻璃'被打碎，或如何尽快地修复'第一块被打碎的玻璃'，而忽视了它的倒用。"

"倒用？什么意思？"

"我们可以做一个假设，假设窗户上一块玻璃都没有，然后让我们一块块把玻璃补上去，你说有可能吗？"

"有可能，但必须有个前提，那就是补窗的工作要持续不断地做下去，不然的话，你添加多少块玻璃，都会被继续打碎。而持续不断补的时候，会一直有人在，有人在，就不会有人去追随别人打破玻璃了。"

"如何倒用破窗理论呢？纽约警察局前局长布拉顿可以说是'鼻祖'。当时纽约地铁被认为是'可以为所欲为、无法无天的场所'。针对地铁犯罪率的飙升、重大刑案不断增加，布拉顿没有全面出击，而是全力打击逃票。结果，从抓逃票开始，地铁站的犯罪率竟然下降，治安状况好转。

"若把整个纽约地铁当作玻璃被完全打碎的窗，布拉顿的做法就是补窗，补一块玻璃，窗户上就多了一块玻璃，慢慢地补，就可以逐渐将窗户补完整。"

"你的意思是，可以把班级也想象成一个被完全打碎玻璃的窗，然后再一块块去补？关键是咱们构建的以温润灵魂和积极向上动力为特征的班级生态非常好啊，它不是破窗。"

"我们构筑的班级生态不错，但是我们不能盲目说它就是完美的。何况，一旦班级稳定下来，如果咱们以评价为核心的驱动系统出了问题，就会缺少变化的新鲜血液。有些方面还是需要在后续班级建设中凸显出来的。"

"类似于品牌班级建设，一块块凸显？"

"'品牌班级'的确是这几年比较流行的一个概念，但是我们听说过高金英老师的'宏志班'，却很少听闻其他品牌班级，你知道为什么吗？"

"愿闻其详！"

"我们先说什么是品牌吧。品字三个口，三为虚数，一如'三人行，必有我师焉'，也就是说，'众口'。成为品牌的班级最起码是有口皆碑吧。如果这些班级你连听都没听说过，也就是没有'品'，又何来的'牌'呢？所以，这些轰轰烈烈的品牌班级是值得说道说道的。我搜索过'品牌班级'这一关键词，竟发现所谓品牌班级无非是为班级创造一个班名、设计一个班徽、创设一套文化、构建一种制度等的综合体，认为有了这些就是品牌班级了。很多班主任也不辨是非，拿过来就用，用了就说自己的班级也是品牌班级了。您有没有发现，您用了这些名头之后，打造的班级似乎也没有成为品牌班级，而只是个人认为是而已。

"或许朋友会说，谁可以做到高老师的水准？或许你达不到高老师的高度，但你至少可以打造一方或一校名班吧。若无，你怎敢叫品牌班级？我们说品牌手机是品牌，

是因为它们家喻户晓。国内生产手机的企业多如牛毛，每个企业都有它的名称、标志、企业文化等，那很多为何没有成为品牌呢？因为它没有做到名著一方，它的品质上不去。品牌是企业或品牌主体一切无形资产总和的全息浓缩，而这一'浓缩'又可以以特定的'符号'来识别，它是主体与客体、主体与社会、企业与消费者相互作用的产物。对于一个品牌来说，是内涵发展使它们具有了品牌的价值，而不是品牌设计使企业拥有了品牌。设计的东西，无非是用来识别的符号而已，作为前提的'一切无形资产总和的全息浓缩'你还没有做，也就是说影响力你还没有。

"所以，并非设计一套自认为可以作为品牌的项目就能成为品牌班级。班级具有了主体存在与客体的广泛认同并产生了一定效应之后，使班级具有了独一无二的声誉或价值，这种声誉或价值，才是品牌，这样的班级才可以称得上品牌班级。

"如何才能不断提升班级内涵，让班级成为品牌班级呢？

"需要植入另一个名词——班级品牌。一个品牌企业由诸多企业品牌构成，如一些餐饮品牌企业，菜的品质、上菜速度、服务等，都是其他餐饮企业难以比肩的。正因为这些企业品牌的组合才成就了品牌企业。所以，品牌班级一样，它需要从班级品牌入手。而班级品牌最主要的特征不在于它的独特性，而在于它的超越性；不在于它的物质'牌'而在于它的精神内涵。也就是说，你物质化的'牌'不见得有多么与众不同，但它的精神附加值却可以超出别人几个档次。那么，这个别人也做你也做的项目，因为你具有了超越性，所以就成了你的品牌，因为一旦提到这个项目，大家自然而然想到的就是你的班。"

我之所以喜欢和朋友们聊带班的故事和想法，就是因为我可以不断从他们身上汲取智慧，或者从他们的不断追问中拓展思路。就如此刻的梓所说："这里有两个问题需要特别重视：一个是用什么玻璃补窗，或者说我们的'牌'是什么；一个是从哪个位置开始补窗，要注意哪些问题。"

这的确是需要注意的问题，这也是很多教师在品牌班级建设过程中容易犯的错。虽然无关我们这节要谈的主要问题，自感有助于朋友们弥补不足，这里把一些思考分享出来。

"品牌班级打造，需要遵循以下几条规律——

"第一，把握节奏性。品牌班级打造绝不是几个班级品牌一下子上马。例如已经设置了班名、班徽等项目，就赶快让学生讨论决定，形成最终方案，等等。因为没有任何一个班级的打造可以在短期内实施所有项目，全部都抓的结果往往等于什么都不抓。正如治理纽约地铁站，如果布拉顿对所有问题全面出击，其结果可能是警察劳累不堪，却收效甚微。这就是很多班主任设置很多项目之后，也做了不少努力，最终班级也没成为校内名班或一方名班的原因。从'补窗'入手，有计划、有节奏地打造班级品牌是打造品牌班级的必由之路。

"第二，由易到难。品牌班级打造要遵循由易到难的规律。当一个个让学生们易于接受的品牌打造出来之后，学生们的心理上就会产生自豪感，自豪感的产生是朝下一个品牌进军的动力。如果不顾学生们的心理接受能力或者是超越了学生们的能力范围，是不可能打造出品牌班级的。例如，班级的基本纪律、卫生你都没解决好，你就开始打造'全校最文明的班级'，这是不可能实现的。因为品牌班级的打造，不是口号可以解决的，而是要契合学生实际发展区域的，是学生'跳一跳'就能做到的。

"第三，有系列性。如果说整个品牌班级构建是填满一个方框的话，一个个填框的个体品牌就应成系列，因为只有系列的个体品牌才能填满框的空白，填满了框才能形成品牌班级。我所谓的系列不是说班名、班徽、班服等一系列的项目，而是——拿登楼做个比喻吧——是登楼时所踏的一个个台阶。"

"你这么一说，还真有道理。我自己也这么做过，以为打造品牌班级就是弄一堆'图腾'加几条文化标语。这些东西很简单，几天就做出来了，看起来很新鲜，可无非是给班级装点了一些门面而已，只是金玉其外，内里的东西还是原来的样子。"梓的话恐怕是很多朋友的共鸣。

继续基于温润灵魂和积极向上动力班级生态这一背景下谈我们的班级建设。

真正的品牌不是牌子如何，而是它背后承载的精神文化的力量让其成了品牌。同样，班级建设，需要为班级凸显几个精神特质，为班级不断注入新鲜的血液，让班级更加完美。

那么，注入怎样的血液？如何注入呢？

第二节 品牌打造为班级注入新活力

　　注入怎样的血液，的确是见仁见智的问题。既然是见仁见智，也就可以敞开说我的观点了。

　　注入血液，也就是说，在温润的灵魂和向上的动力之后，还有哪些品质是需要在后续班级建设过程中凸显出来的。品质蕴藏在日常中，就是综合修养的一个组成部分；品质的特意凸显，就是一个班级的文化品牌；诸多品牌的组合，就是班级整体品质的再提升。

　　我以为，有8种品质是需要凸显出来的，注意，是凸显。因为一个有温润的灵魂和积极向上的动力做底色的学生，这些品质或多或少都会有。这个阶段的凸显，是补充，更是提升。朋友们，请注意我的排列顺序。

　　一是强健体魄。如果没有强健的体魄，再温润的灵魂都没有释放热量的依托；如果没有强健的体魄，再积极向上的努力都会失去支点。梓问过我："补窗，从哪一块玻璃开始？"我认为，应该从强健的体魄开始。于是，在带班第二年的第一个月开始，持续两个月，我们打造第一个班级品牌——强健的体魄。以课间操为起点，从口号、队形、质量、步伐、服装等方面入手，把课间操打造成了远超别班的模样。课间操、体育课、阳光体育时间等，三者结合，让学生们的身体素质得到了较大的提升。因为是为"品牌"而拼搏，大家都很努力；因为拼搏获得了"品牌"效应，所以班级自豪感上升。

二是尊重品质。基于破窗理论的倒用，如果说健康体魄是补的第一块玻璃，那么第二块玻璃补什么是需要认真思考的。这个时候要遵循的就是，对于学生来说最需要先培养的品质在前。所以，经过认真论证之后我们认为，培养学生的尊重品质非常重要，应该放在第二位。所以，我们打造的第二个品牌就是"尊重"，通过班级记事、班会课等咱们前面聊过的几个手段进行落实，时长是 2 个月。诚然，尊重是包括赏识别人、倾听别人、包容别人等几个点的。

三是规则意识。尊重是从"我"出发的品质，而规则意识是自己适应他者的必需。诚然，这儿的规则包括自律。达成手段同"尊重品质"。

四是诚信为本。事无诚不足以尽，人无信不足以立。

五是责任担当。人无担责则他人不信，国无人担责则国家不继。

六是奉献精神。人人都奉献的集体才真正成为集体，

内心装有他人的需求才是真正的高尚。

七是家国情怀。

八是勤俭传统。

后面几条不需要详细解释，各位一定明白这样排序的道理，更明白要凸显这些品质的缘由，也会理解如何让这些品质逐一落地。

"只是，我不明白，你主张90天形成一种稳定的习惯、落实一种品质，如果不能，就形成一种综合性的氛围，让学生在这种氛围中一体多位。可是，你在落实这8个方面时，每个方面却只用了2个月时间，并未到90天啊？"梓的问题，总是抓住细节，但这些细节往往又是学术建设的关键。

"因为我们谈话的前提是已经带班一年了，已经构建起来以温润的灵魂和积极向上的动力为两大支柱的班级生态。学生们在这样的班级生态中有了和这些品质接近的基础，所以，我们只需用2个月来凸显就可以了。如果没有这个生态基础，每个品质的落实还真的需要至少3个月。"

梓没有说话，他频频地点头，说明我们是达成一致了。

通过两大特征为基础的班级生态打造，带稳班级；通过8种品质的品牌打造，优化班级。这就是假设以评价为核心的驱动系统失灵的情况下最美好的带班姿态。诚然，如果驱动系统不失，二者结合便是相得益彰的美好。

您可以试试。

第三节　完美教室可以有的生态特征

无论我做过多少实践和思考，我都必须站在现实的土地上，无法离开大地，也无法穿越到未来。

但我还是愿意站在今天的时间点上，幻想一下明天教室的模样。万一，将来幻想实现了呢！

第一，有特别留恋的生长空间。对学生来说，教室再也不是充满恐惧的地方，再也不是最不愿意来的地方，而是一个因为有幸福、有温暖、有尊重而特别令人向往和留恋的地方。

第二，有结伴成长的优秀伙伴。在这里，灵魂不再孤独。学生可以有自由倾诉的对象，有相互帮助的伙伴，有同舟共济的协作，有荣辱与共的担当，有一起流下的眼泪和撒满一地的欢笑。

第三，有分享辩论的教学模式。在这里，不用再听老师满堂地灌输，学生有大把大把的时间自主学习，然后相

互辩难，辩难之后还不会的问题就到课堂上进行更大范围的辩论、分享。课堂，不再是按规定的时间上课下课，而是在需要辩论、分享的时候集中。在辩论中，学生发散思维，在辩论中学习品质提升，在辩论中感受学习的快乐。从此，学习不再是负担，而是乐趣。

第四，有优雅和谐的休闲时间。多么渴望每天两个大的课间不再只是课间操，而是一杯清茶、一缕音乐的休闲时光，是轻舞一曲、心香一瓣的闲适自然，是一局围棋、一声轻吟的舒展自由……品茶、下棋、赏乐、吟诗等，让生活逐渐变得优雅起来，让情趣变得高雅起来。

第五，有健康体魄和高贵灵魂。让每个学生都有自己喜欢的体育项目，在体育场上生龙活虎；让每个学生都因身体的健康、举止的优雅、情趣的高雅而灵魂高贵起来。

或许您还可以想象很多，我只是觉得，把学习的过程变成人与人的和谐相处、变成生命应该有的自由与高贵，才是学校应有的样态。

理智告诉我，它很遥远；浪漫又告诉我，要相信梦想的力量。

一个优秀的班主任从来都不是复制别人而成就的，成为他自己才能带出属于自己的优秀班级。那么，班主任如何才能成为更优秀的自己呢？"四个必须"或许对您有所帮助。

第九章 班主任追求卓越自我 "四个必须"

年龄越大，就越懂得顺随自然的重要。

因为任何事情都会有它相对的一面守在那里，正如花有开落、月有圆缺。所以梓来看望我的时候，我知道他会离开。其实，无须挽留，因为离开就还会再见。

所以，我没有留，也没有送。但梓给我要了东西："您能否送我一些您认为一个班主任必须要读的文章？我想在飞机上好好读读，希望下飞机时，已经是全新的自我。"

全新的自我，太大的期望了，因为人最难跳出的就是自我。但我还是选了几篇文章送给了他，我命名为"班主任追求卓越自我'四个必须'"。

录文在此，但愿对您有所帮助。

第一节　必须树立独立的判断意识

不少朋友都会问同样的问题：为何听人家讲头头是道，自己一实践就失败？

无他，没有独立判断而已。一个老师若没有独立的判断意识，就总会被别人左右，甚至给自己造成困境。这就是很多人勤奋学习却工作不见起色的原因所在。

班主任如何才能树立独立的判断意识呢？

先从一个案例说起——

十二年前，我开了个精彩的主题班会。

"有个学生到饭店，用父母的血汗钱点了一大桌菜，可他守着不吃不喝。服务员劝，父母劝，谁劝也不吃！他饿着肚子离去。请评议。"

"傻瓜——"学生们哄笑。

我不动声色："这学生买了车票，却不上车，跟着跑。"

"傻瓜——"学生们大笑。

我也笑了："他买了衣服，却撕成一条条扔了。"

"傻瓜——"学生大乐。

一切尽在掌控之中，我做出沉痛状："有个学生，将父母辛辛苦苦挣来的钱交了学费，买来书本，却整天胡打乱闹，不好好学习，浪费时间。"

"傻——瓜！"同学们回答得很沉重。

我脸上"苦大仇深"，心里却乐开了花。

作为读者的您，此刻一定会为这个班主任拍案叫好，由远及近，由他及我，由表及里，接下来对那些不学习的学生进行教育就顺理成章了。多么智慧啊！

但如果你不加判断地直接拿到你班使用，你会发现，可能会失败。因为六年后，同样是这位班主任，用同样的素材开班会，遭遇的是另一番境地——

六年后，我踌躇满志地将这个故事进行了重演。

"有一个学生点了一桌菜，可不吃不喝，饿着肚子走了。请评议。"

"减肥呗。"

我扶扶眼镜："他买了车票却不上车，跟着车跑。"

"锻炼呗。"学生懒洋洋地回答。

我勉强笑笑："他买了新衣服却撕成一条条扔掉。"

"烦呗。"学生有气无力地回答。

我不再迂回，直奔主题："他交了学费，买来书本，

却不好好学习，整天胡打乱闹。请评议。"

"想当明星，当老板！"学生小声议论着。

我晕！

十二年前的案例不经典吗？经典！怎么不可以用了呢？

暂且搁置这个问题，请允许我讲第二个案例——

某教师给学生安排座位，让学生"自己进去，选最喜欢的位置，随便坐"。

一个多月之后的班会课上，教师这样告诉学生：

班集体是我们自己的，座位也是我们自己的。我从来没有将座位作为惩罚或者表扬学生的手段的习惯，因为在这个教室里，我们每个人都是平等的一员，座位没有尊卑之别，正如人没有高下之分。在我们的班里，如果谁想调换座位，你们自己协商解决，我不会横加干涉。

结果，班级井然有序。

当年，人们一边倒地评论：这老师太智慧了，这才是真正的人文教育，真正地尊重学生，真正地发展学生！

但是，你试试，放在你班里，我确保你100%会失败。

如果你有独立的判断意识，那你绝对不会直接拿来运用。

所谓独立的判断意识，就是在学习他人时具有"我"的意识。"我"是接受主体，他人是"我"学习的对象、审视的对象、思考的对象，是为"我"的工具，而不是"我"的学习目的。审视的过程，就是独立思考的过程；思考的过程，就是有独立思考之后延伸拓展的过程，是由理论到实践过渡的过程，也是真正专业成长的过程。

学习，不是把别人的知识当作接受的对象，更不是把自己的头脑当作别人思想的跑马场。

那么，如何才能树立班主任的独立判断意识呢？

第一，需要贴近学生思考。站在学生立场上，用学生此时此刻的心理去判断，然后思考如何做。

第一个案例中，老师如果贴近学生的心理思考，就会发现时代变了，学生的生活背景也变了，学生们没有了衣食之忧，对父母衣食之恩的感念就没那么强烈。我们不可能让时光倒流，更不能站在过往的台阶上指责当下的学生。

如果你能贴近学生思考，为案例一叫好的同时，你会理智地告诉自己："今天，我不能用。"但是，学习，不是简单地吸收或拒绝，而是能够从中提取精华，找到和今天教育的结合点。至少，案例中环环相扣的逻辑方式是值得思考的。对，思考了，你就有了属于自己的收获。

你可以开这样的班会课了——

这两份名单你认识多少？

第一份名单：毕沅、傅以渐、王云锦、刘福姚、刘春霖。

第二份名单：李渔、洪昇、顾炎武、吴敬梓、蒲松龄。

哪份名单上你认识的人多一些？

答案揭晓：前者全是清朝科举状元，后者全是当时落第秀才。

你得到了什么启示？

A. 考中状元——无人知晓；

B. 考不上——流传千古；

C. 即使考不上也会流传千古。

而事实还有——

毕沅：精通经史，旁及小学、金石、地理，无所不通，续司马光书，成《续资治通鉴》。梁启超对之评价极高，以为："有毕《鉴》，则各家续《鉴》皆可废也。"

傅以渐：学识广博，精通经史，工于诗文，学者称"星岩先生"，是一位竭诚尽忠的贤臣良吏。有史料记载：顺治破格提拔傅以渐为兵部尚书，众皆赞同，一致认为，选择得当，用人适时，宫廷和睦，天下太平。

你发现了什么——

你没听说过人家的名字并不代表人家不厉害，只能说明你现在的思维、格局、学术水平离他们还太远。

读书给你带来了三样东西：情怀、胸怀和气质。而一个人的情怀、胸怀和气质绝对是长远把事情做下去的最好的三个动力。

这个班会课，采取的是案例一的模式，但有了波澜和曲折，又回避了说教，让学生们在不断的体悟变化中明白读书的意义。

贴近学生的思考，不是拿陶行知先生三颗糖的故事用在今天，而是学习其中的教育智慧，形成自己的教育理解，构建自己的教育行为，然后用于今天的教育。

第二，需要贴近自我思考。何为人文，何谓人性？不同的人有不同的答案。或许，不需要高大上的阐释，贴近自身思考、用自己的心度别人的心、用自己的需要度别人的需要，或许就是最基本的人文与人性。

倘能如此，对于案例二，您是否会参透其中的虚假？毕竟一个教室里，无论你的理论多么高尚，客观现实是，座位就是有好有坏。先选的肯定选了好位置，而后选的，一定是不好的位置。倘若开始处于不好位置的学生还能接受，因为老师的高大上理论，会使他不好意思调换，但时间久了，他势必会想换位置，可是，他能找到那个愿意跟他换位置的人吗？倘若是老师您，您会拿自己的好东西和别人不好的交换吗？不会。意味着什么？案例可能是虚构

出来的。如果不加判断，您就拿去在自己班上运用，不是注定要失败吗？

但，对于案例二，我们仅仅给它贴个"虚假"的标签来批判吗？这么多人跟着叫好说明了什么？对，是大家对美好排座方式的向往。这种向往的背后是什么，以及如何更好地达成，就是您应该思考的东西。思考好了，就是您最大的收获，就是您的专业成长。

世界很大，知识很杂，别放在篮子里就当作菜，但愿每一个你我都能具有独立的判断意识，取别人之精华，做最好的自己。

第二节 必须明白班级从自治到自治

　　"为什么我班学生就没有自觉性？听过很多专家报告，也照着做了，可比照葫芦我也画不成瓢。难道我不适合当班主任吗？"

　　这是湖北荆州一位朋友向我倾诉的。

　　不错，班级自治，提得很响，可事实上究竟有多少班级是真正在实行自治的？那些以民主和培养学生自治能力为名的班级行为背后，流动的真是自治因子吗？还是背后隐含着对学生的伤害？例如，很多自治班级设置的班级议事机构，把某个同学的问题当作班级集体事务来"议"，是体现了班级自治意识、自治能力，还是戕害了被"议"学生的心灵？如果您还不懂，那么置换一下身份，如果贵校也设立了一个议事机构，而您的某个不当行为被当作"议"的对象，此刻，您将会是怎样的一种心理？

　　此刻，您或许会说：做错，总要承担。是的，做错了

要承担，但承担非要以心灵伤害为代价吗？如果是，那么会有多少学生的心灵会在民主自治的名义下凋零？请问，使学生心灵凋零的行为，还能称为教育吗？

我总是喜欢不厌其烦地引用尼采在《快乐的知识》里写的话——何为恶？侮辱他人便是恶。何为人性？不让任何人蒙羞便是人性。

于是，我们不能不进行倒推式的思考：自治的前提是什么？

通常概念里，自治就是通过一系列民主的方式让学生自律。

什么是自律？"百度汉语"给我的答案是"自律，指遵循法律并以此为基础进行的自我约束"。这是经不起推敲的定义。美国心理学家卡尔·罗杰斯给的答案是："自律是指作为一个人认识自我，知道自己在成长的道路上该做什么，不该做什么。"我相信，作为教师的你我都会赞同。可在班级自治管理中，却把关注点聚焦在了"自己在成长路上该做什么，不该做什么"，于是在班级民主、学生自主的名义上，成立一套"统治机构和统治制度"，把约束性作为工作的起点。在这些自治者的脑海里，来自学生的"统治机构和统治制度"就是尊重了学生的意愿，尊重了学生意愿的任何决议的执行都是自主的表现，他们也会认为这样的班级行走方式就是班级自治了。

可是，他们忘却了或者根本体会不到一如上文所提到的"被议事者"的心灵受伤。

如果再回到卡尔·罗杰斯的定义里，您会发现他的定义里有两个最不该被忽视的关键词："认识自我"和"知道自己"。自我才是自律的起点，自我认识和自我觉悟才可能产生自律。而自律也不是简单的自我约束，而是知道"该做什么，不该做什么"，它们不是"自我约束"的同义语，而是懂得管理自己的时间，是会给自己设定目标以及懂得设置这些目标的优先顺序。

是的，您明白，这是一个人自身的觉醒，是一个人有了成长的目标和成长的方向之后自我规划能力的体现。正如每一个你我，当我们能够全身心为自己的目标而奋斗的时候，我们就可以严格要求自己、严格执行计划而不会让自己的生活旁逸斜出。这种表现就是自律。如果您只是给了或者说在学生们民主民意基础上给了学生们一个个需要遵守的条框，而没有激活学生的灵魂，那么您的自律就不可能建立起来，即使您可以冠以自律的名义。因为您所谓自律的背后，一定有不少受伤的小朋友。

教育，绝不能以民主和责任的名义对学生造成伤害，绝对不能！

我们继续倒推。如何才能激活学生的灵魂？

美国一所为四五岁学生开办的幼儿园里设置了一棵"助

人树"。每个学生走向一块贴着纸树的黑板，在一片片"树叶"上写下名字。每个学生写的都不是自己的名字，而是过去一周曾经帮助过自己的同学的名字。每当"助人树"上挂满"树叶"，等待摘取收藏的时候，学生们脸上都洋溢着幸福。每当月末树叶堆满桌子的时候，每个人都能看到，班上的学生给予了他人如此多的帮助。

在相互发现的过程中，学生们能感受到别人的关爱，也能赢得自身的价值。"相互帮助和关心他人也是自律的表现"（卡尔·罗杰斯），一个人的灵魂觉醒，首先就是自我价值的认定吧。一个不能认定自身价值的人，是不会觉醒的。有时想想，教育其实也很简单，正如苏州市望亭中心小学毛家英校长所说的："只要构建了一种温暖的发现美好的教育情境，教育就会变得美好而温润起来。"所以，她在望亭中心小学一直坚持的一项教育活动就是"我喜欢你"，让学生们心有他人，进而尊重自己。

此刻，我们无法再去倒推了，因为这种教育情境的构建或者说灵魂激活的最轻便手段，就如"助人树"和"我喜欢你"。

那么，我们接下来顺着这个基点往前推进。

自然，我们又会谈起卡尔·罗杰斯，他说"倾听他人和自己的心声是培养自律的基石"。自然，您懂，"倾听自己的心声"就是自我灵魂的觉醒，而"倾听他人"是对他人的信任，是对他人价值的肯定，自然也是对他人价值的尊重，因为学生们就不会任由自己的性子为所欲为，而是顾及别人的感受，倾听别人的声音，这不就是自我"约束"的第一步吗？在温暖而美好的教育情境里心有他人、尊重自己观念的树立，就是让自己不妨碍他人的自律意识的初步确立。

从社会学角度说，有超越个人的他人存在，就会有矛盾产生，这是客观现实。而一个懂得倾听他人声音的人，在面对这一客观现实的时候，一定会懂得妥协和协商。

在美国一所学校的操场上，两个学生正拉开架势准备打架。这时，有两个学生作为调停者走出来，分别劝慰要打架的学生。其中一个说："听着，打架不能解决任何问题。"另一个说："你能想出更好的解决方法。"几分钟后，两个学生都停手不打了，四个人开始商讨解决之道。

诚然，没有作为前提的懂得倾听他人，就不会有被调停的可能。调节，是自律的另一个重要组成部分。

我不知道读到这里，您是何种感受？我相信您一定想到了文章开头部分提到的"班级议事机构"。因为这种调节扩大，就是时下常说的"班级议事"。诚然，您也明白，此"议事"非彼"议事"。

如果我们顺着这个方向推理下去，就会自然明白，由班级调节升级的班级"议事机构"自然会衍生出他们需要

的契约。这种契约就是通常所说的班级自治的纲要，是班级运转的班规等。当然，我们会明白，这些"机构"也好，"规矩"也罢，都是为了某个共同的目标而相互调节的结果。诚然，您也明白，如果衍生出来议事机构的执行人，就是我们通常所说的班干部了。

您能感觉到，顺着我的文字，转了一圈，您又回来了。

但是，如果没有转这一圈，您不会明白，班干部、班规、议事机构等所谓自治班级的相关物都是某种前提的衍生物，而不是直接把它们拿出来套在班级上去运作。

可是，很多自治者就是在冠以自主的名义直接让全体同学选举班干部、制定班规和其他班级组织机构。这哪里是衍生，这叫末端嫁接！

带班失败或是伪自治，也就是自然的事情了。

尼采说："何为人所能得到的自由？那便是无论采取何种行为，都不会令自己蒙羞。"如果一切都是衍生的结果，自然自己不会蒙羞，更不会让他人蒙羞。

如此，教育是温暖的教育、自由的教育，也是自治的教育。

第三节　必须知晓带班有第三选择

和沈老师喝茶聊天，她讲述了自己班上的一件事。

那天，刚下课，一个小朋友满脸委屈地跑到办公室对她说："沈老师，小胖把我的手弄疼了，还不给我道歉，我不跟她玩了！"看到学生委屈的样子，如果是别的老师，会把小胖叫来，问清楚原因，或者讲一番道理让两个学生和好。而沈老师没有理会双方关系，而是把小朋友拉到自己怀里，托起她的小手，用嘴巴吹吹，然后用手捧住她的手说："来，老师给你暖暖。"过了一会儿又说："还疼吗？要不要老师再给你吹一下，暖一会儿？""不要了，老师，我出去玩了。"沈老师告诉我，她出去玩的对象，恰恰就是小胖。

沈老师的智慧在于，没有囿于事情发生的两端（小朋友和小胖），而是避开后从第三个角度来解决问题。

在学校关系中，基于班主任所处的位置，往往存在两种关系模式：一是"科任或其他教师—班主任—学生"模式，一是"班主任—学生"模式。前者关涉三方，班主任在中间是个连接纽带；而后者是班主任和学生直接发生联系。基于后种模式，班主任只要拥有教育心，永远记住"教育不是来解决问题的，而是为学生的发展服务的"这句话就够了。如果问题的解决不利于学生的发展，宁可不解决也不能伤害到学生。基于前种模式，班主任总是习惯于"老师的"或者"学生的"对立统一。如果老师和学生都算作 1 的话，解决的结果往往是 1+1=1，要么是学生屈从了老师，要么是老师宽容（有时也是因为外界压力的屈服）；要么是 1+1=0，表面上得到了和解，而事实上往往是矛盾隐藏在内心深处；要么是 1+1=1+1，表面上得到了解决，而实际是成了形同陌路的两个个体。这些都是教师的思维模式所决定的，正是这些思维定式的存在使很多矛盾无法解决，或者表面解决而实则暗藏于内。思维定式，是指影响我们行为的思维形式或者类型。它就像一张地图，帮助我们决定要去向何方。我们看到的地图决定着我们的行为，行为决定着可能得到的结果。如果转换认知，行为和结果就会相应改变。

想起一个禅宗公案：

老和尚问小和尚说："前面有狼，后面有虎，你该怎么办？"

小和尚微微一笑说："我往旁边走！"

"往旁边走"，就摆脱了"前"或"后"这一对矛盾的线性存在。小和尚不再是这个"线"的节点，而是独立的个体，就可以做出"往旁边走"的选择。这种摆脱线性思考方式的选择，我们称之为第三选择。

第三选择改变了我们通常凭依的直觉，它引领我们远离"中心"矛盾，建立对个体的真正尊重。这一般分三步转换思维模式。第一步，看到"这一方"，也就说对矛盾双方进行客观分析，且分析得越贴近真实，就越有利于问题的解决。第二步，将每一方都看作独立人，而不是某个矛盾中的环节。卡尔·罗杰斯将这种态度称为"无条件"的积极关注。我视你为完整的人，而不是一个态度、一种观点或者一种场中的零件。第三步，建立同理心。同理心是站在双方立场上，满足双方的心理期待或成长需要。

一天，论坛群出现了一个求助帖：

各位老师好：

我班最好的学生，也是年级最好的学生之一，很郁闷地对我说："老师，我以后再也不听物理老师上课了。"经过了解我才知道，原来是期中考试他其他各科都考了年级前几名，只有物理是刚及格。物理老师认为学生故意考低分给老师拉平均分，于是非常生气。学生无论怎样解释，物理老师就是不信，还在班上公开说，以后不给这个学生批改作业也不提问他，让他最好也不要来上物理课。物理老师还扬言说："有本事你去校长室举报我啊！"6月份学生就中考了，如果物理不学，这学生怎么办？一个好学生就可能因此被耽误了！

求助老师言辞恳切，群内老师也都非常热心。李老师说："应该和学生谈谈，让学生明白，不听课是拿自己的前途开玩笑，哪怕委屈，也要求全。"张老师说："要请学生的家长来，陪学生一起向老师道歉，毕竟他是老师，自己是学生，该低头时要低头。"麻老师说："班主任应该先和物理老师沟通，说明学生的真实情况，让老师以宽厚之心原谅他。"唐老师说："学生和学校领导商量一下，给学生换个班级吧，逃离这个'魔鬼老师'。"

还有很多老师的做法，就不一一列举。简单分析一下几位老师的观点。首先，李老师的建议学生是懂得的，他更知道"和老师作对"没好结果，因为案例学生已经向老师做了解释，结果老师根本不信他的说辞。张老师的建议是让学生委曲求全，在距离中考三个月的时间里，带着一种委屈心理。您相信学生会学好吗？史蒂芬·柯维说："妥协可能会令人满意，但永远不会令人高兴，妥协关系是脆弱的，争端往往会再次爆发。"何况这个妥协是建立在委屈学生的基础上的。所以，以上两位老师的分析是很难行得通的。

麻老师建议找到班主任这个媒介，绕个弯来解释要好多了，何况是同事之间，总是好交流的。只是，按这个物理老师的心理，恐怕难以沟通。至于唐老师的换班级建议恐怕也难以实现，因为这个学生要适应新的班级，而且不明就里的同学或老师会用异样的眼光看这个学生，同样不利于学生的发展。

老师们思维都是在"学生—老师"之间搭线，不能摆脱将自己、学生和科任教师连接成一条线的矛盾氛围，这是一种典型的线性思维。也就是说，要么从学生端入手，要么从老师端入手，目的就一个，找到二者之间的结合点、妥协点，从而达成二者的沟通。结果基本上都是 1+1 < 1，这不是教育应该取的结果。

现在进行第三选择分析。首先能认定学生肯定是委屈的，因为没有一个学生会无缘无故地故意考低分；而老师的心理存在一些问题，否则不会这么轻易认定学生是故意考低分的，更不会在班上说"有本事你去校长室举报我啊"。进行第二步分析，就更清晰了：学生是独立的个体，他现阶段的任务是全力以赴学习，以求三个月后中考取得好成绩；老师也是独立的个体，他做出自己的判断是基于自己的思维模式，也是为了让他所带的学生均分更高。第三步，

班主任要寻找同理心，这里的同理心不是找二者的结合点，而是寻求同时满足二者心理期待的做法。

我给求助老师分析了老师和学生的心理之后，提出了自己的建议——

一是矛盾不一定要解决。如果问题的解决不利于学生的发展就不要去解决。不如利用学生的反弹心理，让学生更好地去自学，告诉学生"你不让我听课，我就不听，但我要做得比听你的课更好"。这种反弹心理，可以让学生学得更好。我的高中数学就是这么学出来的。首先，因为他成绩不错，他一定具备较强的自学能力；其次，优秀的学生往往需要很多的自由学习空间，往往更有利于发展；再次，一个人的心气一旦调动起来，那将会非常了不得。这样就满足了学生的心理期待。

二是转告物理老师，这学生下次再考不好，一定会严厉批评他，这种事情不能再次发生，自己作为班主任也一定会好好督促这个学生。这样就满足了老师的心理期待。基于学生的反弹心理，他一定会比这次考得更好，必然！

满足了双方的心理期待，效果肯定是 1+1 > 1，这就是第三选择！

第四节 必须把握班级发展的节奏

不少朋友问我："梅老师，班级起先好好的，怎么过了一段时间就没原来的劲头了？"或者问："好好地带着班，怎么就开始问题重重？"

这是很多班主任都遇到的问题。凤头带班，却鲜有猪肚，更不要说什么豹尾了。因为带班不像听某些励志专家讲座，瞬间就可以点燃学生们的激情，它是个长期活，至少一年，很多是三年，其间的反复和起伏甚至溃败在所难免。所以，优秀的班主任是懂得把握班级发展节奏的，从而让反复不在，让起伏停滞，让溃败不可能出现。

所谓"把握班级发展的节奏"，一是把握班级建设的节奏，一是把握班级发展过程中的班气。

从班级建设的节奏说起。不少班主任会听"前辈"这样指导：带班，要尽快在班级内部完成建制工作，让学生尽快适应班级，走上正轨。不错，这样您可以让学生们尽早地"上路",可是,过一两个月,您就会发现,班级开始问题重重。原因何在?

其实,带班如写文章,有一线贯穿式,有平行推进式,也有板块式。上述带班就是平行推进式,一眼就可以看到底。班级前行过程中,缺少变化。正如博尔赫斯所说:"地狱惩罚的真正恐怖不是痛苦,而是一成不变的无限。"诚然,您是明白的,我不是说您的班级如地狱,而是说一成不变的可怕。

所以,高明的班主任不会把班级带成"一成不变的无限",而会采取"板块式带班",他们详细规划每个阶段班级的发展重点,让每个阶段班级发展都有新内容,让学生们都能感受到班级的鲜活气息。例如,我曾接手一个班,改变了很多常规的做法,没有建制,而是把"创造奇迹"当作终极目标,用一场鼓舞气势的演讲调动全班的情绪。如果说终极目标是一幅美好图景的话,我要做的每一个"板块"都将是从此岸抵达彼岸的小码头。我给学生们说,我们迈开的第一步就是早读奇迹,让这个安静的校园因我们洪亮的早读声而成为无可取代的风景 。于是,我们就制订了早读策略和详细发展方案。结果,我们创造了早读的奇迹。带班,不可能守着一个火堆取暖,因为它会熄灭。如果要让温暖持续,就必须点燃第二个火堆。所以,三个星期之后,我们又开始了第二个奇迹的打造……以至把班级建设成了学校真正的奇迹班。

因为变化，所以新鲜；因为新鲜不断，所以自豪不断；因为自豪不断，所以奇迹就成了必然。

诚然，您明白，班级发展的第一个板块是什么、什么时候上马第二个板块等，对它们的把握，就是对班级发展节奏的把握。

接下来，从班气角度谈谈带班节奏的把握。如上文所言，带班如写文，不单有线索，还有文气。班气如文气，行文到哪里都会有一股气息流动，带班到哪个阶段也会有一种班级发展的气息流动。这股气息，也可以笼统地当作班风，或者当作班级学生群体心理所营造的班级当下的氛围。每个班主任都渴望自己的班级永保朝气、正气，但"一张一弛"是学生们正常的心理状态，只是这"一弛"往往成了班主任的"悲剧"之源，因为"覆水难收"。所以，把握好了班气，就是把握好了"弛"的度，及时修补，让"弛"不发生或让"收"进一步提升班气。

把握班气的前提是班气建立。班级建设最重要的不是制度建设，而是班气营建。如果一个班级缺少了精气神，是很难走好的。我接手的班，是年级最差的班。对于这样的班级，如果试图通过建制来带好班，是不可能的。所以，我回避了制度建设，而是给学生们讲述了自我救赎的故事。然后，我就不断发掘班级的正能量，不断在班级表扬宣传

积极向上的现象。果不其然，我慢慢地看到了班级有了一股不服输的气。您明白，我不断表扬和宣传正能量既是对班气的构建，也是班级的延续手段。那年期末考试，我们爬到了年级中等。因为接下来是关涉他们高考命运的小高考，不需动员他们也延续到了第二年的三月份。

把握班气的关键之一就是松懈时破局。破局，破的就是可能松弛下来甚至可能造成"覆水难收"的常规趋势。小高考结束之后，距高考还相对遥远，学生们一定会长舒一口气。这口气一松，加之高二"逢二就乱"的常识，此时必须破局。于是，在小高考结束的当晚，我就组织全体师生家长搞了一次研修活动。

师生家长共同研修计划

　　背景：小高考刚刚结束，高考还相对遥远，学生具有明显的松懈情绪。

　　目的：净化学生的心灵，提升其时间观念、自觉意识，激发其内在驱动力。

研修时间	研修内容	研修目的	主讲嘉宾及简介
3月25日 19：00—21：00	科学时间管理	引导学生科学规划时间，提升学习效率。	李霞：资深企业HR，心灵驿站首席心理咨询师、职业规划师。

续表

研修时间	研修内容	研修目的	主讲嘉宾及简介
3月26日 8：30—11：30	升级生命软件	引导学生分析自我、把握自我、成就自我。剔除性格中的不利因素，培育最优化的成长基点。	杨学勇：北京大学卓越书同家庭指导师，二级心理咨询师，九型人格导师。
3月26日 14：00—17：00	目标管理	用组织行为学的观点，帮助学生树立目标、树立信心。	郭镇玮："幸福五力"创始人，职业培训与咨询师。
3月26日 18：00—21：00	目标管理	帮学生构建抵达目标的协作环境及步骤，阶梯式抵达理想。	郭镇玮："幸福五力"创始人，职业培训与咨询师。
3月27日 8：30—10：30	从学渣到学霸的升华	硕士生导师现场说法，交流如何提升学习效率，获得理想的学业成绩。	姚传德：南京大学博士，苏州大学硕士生导师，思想文化比较研究与东亚现代化研究领域的翘楚。
3月27日 10：30—13：00	生日会	为4月份过生日的学生举行集体生日会。	——
备注	活动全程由苏州大学商学院经济学教授陈伟主持		

这次研修给学生很大心理触动，给了他们人生的方向、生活的方法等。此次破局为我们夺取最后的胜利打下了坚实的基础。

破局的关键不在破局本身，而在于对破局时机的把握。时机，就是节奏发展的节点。

由于及时把握了班级发展过程中的几个关键点，我们班在全市第一次统考中，考了不错的名次。学生们的得意情绪漫延。此时，我就及时召开了一个无声班会课，自动播放如下 PPT——

PPT1：关键的数据。

2016 年江苏理科录取线：本科一批 353 分，本科二批 315 分。

按照 2016 年江苏理科录取线，本科一批我班 0 人。

思考：上不了本一的有你吗？

本科二批我班 16 人。

思考：上不了本二的有你吗？

PPT2：严峻的现实。

绮（中上等的学生——笔者注）说："我昨天受虐了。"

朋友问："绮绮，你期中考了多少分？"

"346 分！"

"哦，还不到我们班平均分。"

朋友是实验中学的学生。那么，xx 学校呢，yy 学校呢？（两所远远好于我校的学校——笔者注）他们，都是你的竞争对手！

明白了差距，才明白自己前行的路有多长！你还有满足现状的资本吗？

PPT3：几句肺腑语。

1. 休息时，不要忘了别人还在奔跑。

2. 千万不要有侥幸心理，认为这次考好，就是最终的结局。高考时什么情况都可能发生，过程中的成功并不代表什么。

3. 就是到了最疲惫的时候都不要放弃，否则前功尽弃。

4. 人生若没有一段想起来就热泪盈眶的奋斗史，那这一生就算白活了。

无声的班会课之后，看到学生们在交流本上写下心得感受，我知道，他们知道该怎么做了。

如此，我相信您明白了什么是班级节奏。愿我的做法对您有些许帮助，让您的班级更加精彩。

参 考 资 料

[1] 罗伯特·斯莱文. 教育心理学：理论与实践 [M]. 人民邮电出版社，2016.

[2] 卡尔·罗杰斯，杰罗姆·弗赖伯格. 自由学习 [M]. 人民邮电出版社，2015.

[3] 简·尼尔森. 正面管教 [M]. 北京联合出版社，2016.

[4] 刘玉静，高艳. 合作学习教学策略 [M]. 北京师范大学出版社，2011.

[5] 列夫·维果茨基. 思维与语言 [M]. 北京大学出版社，2010.

[6] 约翰·杜威. 民主主义与教育 [M]. 长江文艺出版社，2018.

[7] 史蒂芬·柯维. 高效能人士的七个习惯 [M]. 中国青年出版社，2018.

[8] 丹尼尔·平克. 驱动力 [M]. 浙江人民出版社，2018.

[9] 周洪宇. 陶行知教育名篇精选 [M]. 福建教育出版社，2013.

后记：今夜，我只想你

总觉得要为母亲写点什么，可是我一直没写。

不是我不想写，而是我不知道如何去写，我怕我的笔写不出我的母亲。

我真的很想我娘，想到每一个梦里、每一个喜悦或悲伤的生活点滴里，想在每一寸肌肤和每一缕血液里。

可是，我真的不知道如何去写我的母亲。

在我的记忆里，母亲没有做过什么惊天动地的大事，一如《皮囊》一书中执着盖屋的母亲那样伟大。我的母亲根本就没有伟大过，母亲太平凡了，平凡到除我们姐弟几人外，谁都可以忘却。

而现在，母亲离开了我们。母亲离开我的几个月里，每天我都会想念，因为每天我都会往家里打电话，每天我都会看到第一个电话号码——娘！

每次，我的心都会一阵阵痛，这个号码的那头再也不会有人接了。

　　每次我遇见喜悦的事情，第一个就会拨通娘的电话，我给她讲我的喜悦。我知道，我娘喜欢听我的喜悦。每次我遇见悲伤，第一个也会拨通娘的电话，虽然我不能把悲伤告诉我娘，但娘在电话那头的声音也可以温暖我苍凉的胸膛。

　　我不能没有娘，可是，我娘，她不在了。

　　这个号码我不敢删去，我怕某天看不到这个号码我会忘了我娘。人没了娘，到哪里都只能精神流浪。守着这个号码，我就还有娘。

　　我不能忘了我娘，我爹也忘不了我娘。

　　清明那天打电话给爹，我不敢提及娘，因为我记得娘的葬礼结束我离开家的那天，爹竟然号啕大哭。

　　娘走了，爹就空了。

　　我只是在电话里问天气如何、身体如何，以及田里的麦子长势如何。

　　爹说他不知道田里的麦子怎样。自从娘葬在我家的麦田里，爹就再也不去那块田地。留群大娘去世的时候，留群大爷经常到大娘的坟上和大娘说话。我爹他根本就不敢去我娘的坟。

　　他不敢！

　　我和姐姐在医院里陪伴病危的娘的时候，爹一个人在家。他每天都会打几个电话询问娘的情况。娘有一点点好转，他会说："我和你娘一辈子没做过坏良心的事情，你娘一定会好的。"娘有一点点不好，他会说："老天爷你眼瞎啊。"然后他就哽咽了。在姐姐轮换我的时候，我就会抽出空到家里陪陪爹。陪爹的时候我看到了爹迅速消瘦的脸庞。堂哥说："你爹不知道几天没有吃饭了。"我知道我劝是没有用的。爹说："儿啊，我吃不下。"

于是，我就陪着爹吃晚饭，然后在夜色中赶回医院。

我不知道我爹一个人在空荡荡的家里想些什么，但我知道，他很脆弱。

爹不敢到医院里去看我娘，他说："看到你娘我会哭，我一哭你娘就会伤心，病情就会加重。"

我懂我爹。

可是我不懂我自己怎么就不能用文字好好地写一下我娘。我发表过几百篇文章，可是我写不来我的娘。

我的娘太平凡了。

娘做的唯一不平凡的事情可能是她在我出生之前做过小学教师。情节当然我不记得，只记得十年前政府落实政策，凡是当年做过乡村教师、当过乡村医生的每年都给予一定的补贴。娘没有去申请，也不让做过几年乡村医生的爹申请。娘说："日子过得够好了，咱不占公家的便宜。"

娘给我讲述最多的就是她吃过树皮和草根，还有我没见过的外公外婆如何吃得浑身浮肿。娘还给我讲过舅舅被日本鬼子抓走后如何逃脱的故事。

所以，她感谢这个国家和时代。

一直到去世，娘都没有给我和姐姐讲述过什么人生道理，所以我也说不出娘有多伟大，甚至娘有多爱我。

娘就是一个普通的农村妇女。和所有的农村妇女一样的是，娘拼命地干农活。农忙时节，娘总是第一个带着我们姐弟几个人走向田野，用最原始的铁锹和锄头翻地，用最原始的镰刀割麦子。用镰刀割麦子的时候，最快乐的事情就是在田间的梧桐树下休息。娘不知道休息，娘总是不紧不慢地割着麦子。我不知道她一直不停地割是为什么，只知道起初我们总是割在娘的前头，但最终我们总是落在娘的后头。

娘就是一直割一直割而已。

娘还有个习惯，那就是家里的大事，总是让爹走在前头，例如割第一垄麦子、掰第一棒玉米。来了客人吃饭，娘总是让爹坐主座而她自己躲在厨房里吃。

后来条件好了一些，家里养了一头驴子，就少了用铁锹和锄头翻地的劳累。

娘具体是怎么爱那头驴子的我记不清楚了，只记得我说过："娘，在你心里我还不如一头驴。"娘总是说："你傻呀？"再记得的，就是多年之后那头驴子老了。老了的驴子再也不能耕地了，不能耕地就只好卖掉。卖掉的驴子只有一条路，那就是被杀掉。在人家把驴子牵走的时候，娘搂着驴子的脖子就哭啊哭啊哭啊！再后来就是驴子多次走进了娘的梦里。

我都不知道写这些文字，究竟想表达什么，只是这样的娘就是我娘。

娘是在家里的农活骤减以及我走上工作岗位后病的，一直病了 16 年。在娘生病的 16 年里，数次说到过死。我总是说："娘，你要是没了，我和姐怎么活啊？有娘，我们还有个家，没了娘我们去哪里？"娘总是被我说动，于是娘总是一边说着死一边坚强地活着。

娘活得很累。

娘有脾气，但娘的脾气不是发的，她总是会哭，因为娘还需要坚强。

不是坚强，而是需要坚强。她还有我和我姐，所以娘就得受苦。

以前我不知道娘为什么会从爹的烟盒里偷根烟来抽，因为娘闻到烟味就难受，就咳嗽不已。但娘还是会偷偷地抽几口她讨厌的烟。

后来我就懂了。

娘说她死后千万不要把她埋在家族的老坟。当爹也明白了娘的遗愿的时候，爹丝毫没有犹豫，所以娘就葬在了我家的麦田里。

爹总算读懂了娘。

爹读懂娘的时候，娘快没日子了。所以，最后的日子，爹总是看着娘睡着了才去睡觉，第二天，爹总是亲自给娘梳头和洗脸。

爹没有给过娘幸福，但娘还是幸福地走了："你爹，总算改邪归正了。"

这是娘留给我最后的话，也是娘一生最幸福的时刻。

之后，我就没有机会再听娘讲什么了。因为那是回到家里没几天的时候，娘的病情竟然好转。刚刚好转的娘就说："小儿，我没事，你回去上班吧。"

我是在娘赶了很多次之后才离开家的。我知道我不能离开，因为在出院的时候医生就告诉我，最多还有一周的时间。可是，我还是离开了我娘，因为娘看到我天天在家不上班，心里就会认为自己的病拖累了儿子，心里会难受。

我不想让娘难受，而且娘病情的好转也让我放松了警惕。

娘真的就在我从医院回到家的第七天离开了。

医生说的一周和事实上的一周，就成了对我永远的咒。我不该——

我必须要为我娘写一些文字。不是要赎回我的罪，因为有些罪是永远赎不回的。我想让这些文字成为我对娘永恒的铭记。

于是，我决定把这几年的思考写成文字，作为奉献给我娘的菲薄的祭品。所以，我写下了——

谨以此书献给我的母亲

以前每本书写完，我都会在后记里感谢很多人，但今夜，在写完这本书所有文字的时候，我只想我娘。

我不关心全世界。娘，今夜，我只想你！

2019 年 6 月 18 日夜

后记后：

感谢朋友们的宽容，让我借这个后记写下了自己的心。

感恩您的宽容！

梅洪建

2019 年 6 月 20 日